SILENCE DANS LA CLASSE!

Photocomposition et mise en pages:
Helvetigraf Enr.

Photo de la couverture:
Yves Nantel

Maquette de la couverture:
Le Graphicien Inc.

LES ÉDITIONS QUEBECOR
Une division du Groupe Quebecor Inc.
225, rue Roy est
Montréal, H2W 2N6
Tél.: (514) 282-9600

SILENCE DANS LA CLASSE!

ANDRÉ RUFIANGE

EDITIONS

Quebecor

Après avoir inventé la terre, puis les hommes intelligents, Dieu a voulu faire un gag en inventant les cons. Pour Lui, c'était une idée diabolique. Mais Il l'a beaucoup regretté, depuis. Aussi, par respect pour Lui, ce n'est pas aux cons que ce livre est dédié...

Note de l'auteur

Ce qui suit est un choix d'éléments tirés d'un millier de chroniques. Tout n'est pas textuel, bien sûr, car, une fois le choix fait, j'ai haché dans les textes, en y retranchant, en y ajoutant, en les actualisant. Travail de moine? Non. Tout au plus de bonne sœur.

Pourquoi ce titre, *Silence dans la classe*!? Une idée, comme ça. Peut-être une vague trace du métier de prof que, jeune, j'ai rêvé de pratiquer. (Si l'on se fie à la photo-couverture, j'aurais fait un bien bizarre de prof, dites donc!) D'ailleurs, rares sont les étudiant(e)s qui n'ont pas un jour convoité le rôle de leurs enseignant(e)s. Son panache.

À la vérité, j'ai toujours eu un peu de mal avec mes titres. *Trente ans d'humour avec les Joyeux Troubadours,* c'était beaucoup trop long; *André Rufiange à son meilleur* traînait un anglicisme (il eût fallu dire «à son mieux»); *Rire avec Rufi* était prétentieux, puisqu'il ne faut jamais annoncer que l'on va faire rire, mais le directeur d'alors de ma maison d'édition y tenait mordicus; j'ai eu plus de veine avec *Un voyou parmi les stars*, titre que j'avais moi-même soumis et que le nouveau directeur a accepté.

Maintenant, nous voici à *Silence dans la classe*! Comme tous ceux de son espèce, c'est un livre qu'il ne faut pas lire d'un trait. Vous y perdriez du jus. L'humour ne doit être consommé qu'au compte-gouttes, pour bien en jouir, d'autant plus que la denrée est rare, crise économique ou non. Ou alors, si vous avez à vous hâter, pour je ne sais quelle raison, hâtez-vous lentement... De toute façon, je ne publierai pas un autre livre de ce genre avant deux ans. Vous avez donc tout votre temps!

Pourquoi pas avant deux ans? C'est que, pour un auteur du Québec, où le marché est encombré, un livre par année, cela suffit. Il ne faut pas le saturer, ce marché. Qui est petit. Tout petit. L'an prochain, c'est un roman que je publierai. Le premier. Il s'intitulera *Isabelle Bell*. Il sera publié simultanément en français et en anglais. Pourquoi diable avoir peur du marché international?

L'ennui, c'est que l'intrigue de ce roman, auquel je travaille dans les heures de loisir, est tellement compliquée que je ne sais plus moi-même où je m'en vais. Mes personnages évoluent plus vite que moi. Après seulement quatre chapitres d'un livre qui en aura douze, j'ai déjà imaginé trois conclusions différentes. On dirait un «Maigret». Mais je me console à la pensée que Georges Simenon — le frère d'alliance d'Agatha Christie — a déjà dit: «Aucun roman à suspense ne sera bon, si l'auteur s'entête, pendant la rédaction, à respecter son idée première de la chute.» Je me fie sur Simenon et je me croise les doigts.

À l'an prochain?

André Rufiange

LES FLASHES

• Vous savez pourquoi la télé insère tant d'annonces commerciales, pendant les films western? C'est pour donner aux cow-boys le temps de recharger leurs fusils!

• Un soir dernier, à New York, la directrice d'un orchestre féminin a ordonné à ses joueuses de jouer topless... À la mi-soirée, la joueuse de cymbales a été transportée à l'hôpital, où elle fut rapidement suivie par la joueuse d'accordéon...

• Selon Régis Lévesque, un Anglo-Saxon est un saxophoniste de langue anglaise.

• L'autre jour, en parlant avec lui des boxeurs qui avaient des chances de réussir sur la scène internationale, je disais à Régis Lévesque que ce qu'il leur fallait surtout surveiller, c'est le modus vivendi. Alors, Régis a levé vers moi ses bons yeux d'épagneul et il a fait: «Qui ça, Modus Vivendi? Un boxeur italien?»

• La compagnie des piles Duracel nie énergiquement que son produit ne soit destiné qu'aux gens constipés.

• Celui qui ne fume que des Caméo est un arriéré menthol!

• Si vous ne vous sentez pas bien, faites-vous sentir par un autre!

• À la fin d'un avis de décès: «Prière de ne pas envoyer de fleurs. Contentez-vous de venir brailler avec nous autres!»

• Vous connaissez l'histoire du monsieur qui avait trop abondamment employé de «Grecian Formula» de Maurice Richard? Ça l'a tellement rajeuni qu'il s'est mis à faire pipi au lit!

• Le slogan des vieux garçons: «Vaut mieux avoir une femme dans ses bras que sur les bras!»

• Vous voulez que vos cheveux repoussent? Utilisez Vitagro, parole de Charbonneau...

• Autrefois, ma femme se détestait, le matin. Maintenant, ma femme ne se déteste plus, le matin. Elle se lève l'après-midi.

• Slogan suggéré aux vendeurs de bas de laine: «Il fait toujours plus chaud en bas de laine qu'en bas de zéro!»

• Je ne suis pas le seul à avoir peur en avion. Ainsi, prenez Raymond. Il a tellement peur que, la semaine dernière, pour aller à Chicago, il a pris le train. Eh bien, vous savez quoi? Un avion s'est écrasé sur le train!

• Saviez-vous que les filles de joie ne votent jamais, aux élections? Peu leur importe qui entre...

• «Sais-tu, Roméo, que la haute fidélité, c'est bien plus facile à trouver en musique qu'en mariage?»

• J'ai un nouveau voisin et je m'en méfie un peu, car il est membre de la GRC. Du bien drôle de monde. Pas comme nous... Ils ont de ces bizarreries!... Ainsi, vous savez quoi? Les deux enfants couchent dans la cuisine, les parents couchent dehors et le cheval couche dans la chambre des parents...

• Sur l'autobus scolaire d'un orphelinat vietnamien, on peut lire: «Made in Vietnam. Par des soldats américains...»

• À Las Vegas, une riche veuve, venue de New York, s'est offert vingt-huit jeunes amants en une semaine. On l'a enterrée hier matin, mais deux embaumeurs ont dû mettre dix-huit heures de travail inlassable pour lui retirer le sourire épanoui qu'elle avait.

• Sur le camion d'un fermier de la Caroline du Sud: «Droguez-vous avec mon lait; mes vaches sont à l'herbe!»

• Il y a des marchands qui ne sont vraiment pas polis. Ainsi, l'autre après-midi, j'entre dans un magasin afin de m'acheter une chemise. Le patron m'en montre une à 15$. J'ai dit: «Pouvez-vous me montrer plus *cheap* que ça?» Ce qu'il fit. Il m'a tendu un miroir...

• La très sexy Rita affirme qu'elle n'a rien contre le mariage. La preuve: tous ses amoureux sont des hommes mariés.

• Si les bébés bavent, c'est qu'ils n'ont pas encore appris à cracher!

• Même si vous n'aimez pas les carottes, mangez-en souvent car c'est excellent pour la vue. La preuve: avez-vous déjà rencontré un lapin avec des lunettes?

• Les gens qui arrêtent de fumer ont le même problème qu'un nouveau venu dans un camp de nudistes: ils ne savent plus quoi faire avec leurs mains...

• Connaissez-vous l'histoire du voleur qui n'avait que trois doigts? On vient de l'arrêter dans un «bowling». Il ne volait que des boules de grosses quilles!

• Le cheval de Zoro porte un gros Z sur ses fesses. C'est parce que c'est un cheval loué...

• — Chéri, comment as-tu trouvé ton sandwich?

— Bien. Je l'ai avalé d'un trait. Pourquoi?

— Parce que je viens de me rendre compte que j'ai ciré tes souliers avec le pâté de foie gras.

• — Que fait l'ayatollah, lorsqu'on veut ouvrir la porte sur des négociations?
— He slams... the door!

• — Si je refuse de faire l'amour, Raymond, vas-tu vraiment te suicider?

— Ordinairement, c'est ce que je fais, oui.

• — En Amazonie, les membres d'une certaine tribu ont de drôles de coutumes. Ainsi, ils frappent la terre avec un bâton, en criant comme des enragés.
— Ici, on appelle ça «le golf»...

• À force de fréquenter les pêcheurs, notre chroniqueur Guy Pagé a fini par leur ressembler. Ainsi, lorsque je lui ai demandé combien pesait son dernier bébé à sa naissance, il n'a pu s'empêcher de répondre: «29 livres».

• Notre économie se porte bien: notre livre (de café vaut en effet, maintenant, plus cher que la livre sterling).

• Vous savez, mon voisin, l'Anglais? Eh bien, il vient d'adopter un enfant. Son chien s'ennuyait...

• Le patron: «Vous êtes là à ne rien faire! Pourquoi ne travaillez-vous pas?» L'employé: «Je ne vous avais pas vu v'nir...»

• Vous savez pourquoi les bébés belges sont plus petits que les bébés québécois? C'est parce qu'ils naissent dans les choux de Bruxelles.

• Quand j'étais à la petite école, on priait Marie. Aujourd'hui, on la fume.

• André Vézina raconte l'histoire d'un vieux microbe qui allait mourir: il venait d'attraper la pénicilline...

• Si vous avez une arme dans la maison, buvez beaucoup d'alcool. Ainsi, lorsque vous tenterez de viser votre femme, vous manquerez votre coup!

• Vous connaissez l'histoire du boxeur Kid Morrissette, l'ancien espoir blanc de Saint-Lin? Il était fort comme un cheval, mais, dans le feu de l'action, il avait la mauvaise habitude de perdre ses lunettes!

• Un cheik arabe rentre en Arabie Saoudite, après des vacances aux États-Unis, et un collègue cheik lui demande: «Qu'est-ce qui vous a le plus impressionné chez les Américains?» «Leurs vendeurs», répond le premier, en détachant ses skis.

• Les mille premières personnes qui se présenteront, ce soir, aux guichets de Blue Bonnets, auront droit à une bouteille de la nouvelle eau de Cologne inventée par Robert Arel: «Odeur d'écurie»...

• Pour son anniversaire de naissance, qui aura lieu bientôt, mon chien m'a fait savoir qu'il aimerait avoir trois cadeaux: un facteur et deux laitiers.

• — Selon toi, Rufi, est-ce que je suis un vaniteux?
— Mais non, Toto.
— Ça me rassure... Parce que d'habitude, lorsque je leur dis que je suis l'homme le plus beau du Québec, les gens ont tendance à me traiter de vaniteux!

• Dans la forêt de la Mauricie, les arbres sont si gros que deux bûcherons, qui en sciaient un, ne se sont pas vus pendant deux semaines!

• Mon père a été marié trois fois et, pourtant, il est encore libre. Sa première femme est morte empoisonnée par des champignons. Sa deuxième femme est morte empoisonnée par des champignons. Et sa troisième femme est morte étranglée: elle n'aimait pas les champignons.

• À quoi sert la peau de vache?
Facile. Ça sert à tenir la vache ensemble!

• Un professeur de golf s'approche de deux femmes, sur le vert de pratique: «Est-ce que vous voulez apprendre à jouer au golf?» L'une d'elles de répondre: «Mon amie serait intéressée. Moi, c'est pas la peine, j'ai appris hier...»

• — Méo? As-tu monté le cadran?
— Non, Flora, il est encore en bas.

• Obliger les fonctionnaires à faire leur devoir, c'est une idée qu'il faut leur enfoncer dans la tête à coups de pied au derrière.

• «Jugez, messieurs, de l'étonnement et de la douleur du témoin que voilà quand, rentrant de l'atelier, il trouve sa femme au lit, la tête fendue et la porte défoncée!»

• — Tu viens de voir ton médecin? Et alors?
— Il se porte à merveille.

• — Est-ce vrai que tu t'es fait faire un salon double?

— Oui. J'ai fait couper mon salon en deux.

• — Papa? Maman vient d'écraser ma bicyclette avec la voiture.

— Ben bon pour toi! Je t'avais dit de ne pas laisser ta bicyclette sur la galerie d'en avant.

• — Je m'excuse, monsieur le poisonnier, mais vos poissons ne me disent pas grand-chose, ce matin.

— Vous savez, les poissons, madame... ça ne parle pas beaucoup!

• Selon La Poune, l'hymne national des Français est un vibrant hommage au vaudeville québécois: «Allons, enfants de la Pétrie».

• La fille de Raymond a quatre ans. Une belle petite blonde avec un nez retroussé. L'autre soir, elle mangeait du steak et je lui ai demandé si elle savait d'où ça venait, le steak. Elle a dit: «Oui... le steak, ça pousse dans les bœufs!»

• La pensée du jour:
«Certaines filles comptent sur leurs doigts; d'autres, sur leurs seins...»

• Selon la Presse Associée, les homosexuels sont beaucoup plus sujets aux maladies que les autres, vu la faiblesse de leur mécanisme de défense contre les microbes. Vous voyez maintenant pourquoi votre petit beau-frère tousse tout le temps?

• Selon l'humoriste Marcel Béliveau, vous savez pourquoi la Russie devance les États-Unis sur le plan des forces militaires? C'est qu'en Russie, on ne perd pas son temps à lutter contre les communistes...

• — Dis, chérie, suis-je le premier homme qui dormira à tes côtés?

— Si tu dors, oui, tu seras le premier...

• «Bisexuel» signifie «aux deux»; et non pas deux fois par nuit...

• La parenté est héréditaire. Ainsi, si vos parents n'ont pas eu d'enfants, vous n'en aurez pas vous non plus...

• De dire un de mes amis: «Il y a tellement de voleurs dans mon coin que je n'ose même plus mettre mes vidanges à la rue. Ils vident les vidanges et ils partent avec la poubelle!»

• Quand Donatien demeurait à Saint-Henri, son chien s'appelait Fido. Lorsqu'il a déménagé à Outremont, il l'a appelé Phydeault.

• Mon boucher est mort. Il a reçu deux «balles au nez».

• Comment appelle-t-on un Noir qui n'aime pas les policiers? Réponse: un haïchien...

• — Allô Marie! D'où viens-tu?
— Du salon de beauté.
— Tiens! C'était fermé?

• Sur le boulevard Métropolitain, on appelle ça «congestion». Dans les discothèques, on appelle ça «atmosphère».

• L'un de mes voisins a commencé à faire l'élevage des cochons. J'ai eu vent de ça, hier matin...

• Dans la vitrine d'un marchand de chaussures: «Spécial de la semaine: vous achetez un soulier et nous vous offrons l'autre gratuitement!»

• — Moi, je n'avais jamais fait l'amour à ma femme, avant le mariage. Et toi?
— Ça dépend. C'était quoi, son nom de fille?

• M'envoyant un article sur la pudeur, signé Gilberte Côté-Mercier, une lectrice de Montréal joint ce mot: «Si elle a déjà eu des enfants, elle a certes dû les faire par correspondance!»

• Le médecin a ordonné à mon frère de cesser de fumer et de faire de l'exercice. Mon frère ne l'a écouté qu'à moitié. Maintenant, mon frère roule ses cigarettes...

• — J'ai toujours aimé les sports de contact.
— Par exemple?
— Faire l'amour...

• Le boxeur raconte à un ami son dernier match:
— Mon adversaire a vraiment eu peur, à la fin du troisième round.
— Comment ça?
— Il pensait qu'il m'avait tué...

• Dans la salle de toilettes des hommes, à la Gare centrale: «Vous êtes priés de ne pas jeter vos mégots de cigarette dans l'urinoir. Ça les mouille et les rend difficiles à allumer.»

• Savez-vous pourquoi il est dangereux de se promener dans la brousse africaine vers 6h du soir? Selon Marc Petitclerc, c'est parce que c'est l'heure où les éléphants sautent en bas des arbres!

• Vous connaissez l'histoire du petit Juif qui avait demandé aux médecins de faire de lui une fille? Les médecins ont dit oui et, avant de procéder aux interventions chirurgicales, ils ont tout de suite décidé de son futur prénom: «Y s'ra elle» (PRONONCEZ À HAUTE VOIX, JE VOUS PRIE).

• Les ingénieurs québécois sont tellement avancés dans l'art de convertir l'eau en électricité, qu'ils pourraient réussir à éclairer toute la ville de Bruxelles en se servant du Manneken Pis...

• — Tu n'as plus de moustache?

— Oui, mais maintenant, je la rase tous les matins...

• Si vous ne voulez pas recevoir de coups de pied, restez assis.

• — Sais-tu ce que la barmaid a dit au commis voyageur?

— Non.

— C'est ça...

• Tony l'Italien a parfois de bons gags. Ainsi, en apprenant que les médecins venaient de mettre un pied de Guy Lafleur dans le plâtre, il a dit: «Il est chanceux de s'en tirer comme ça. S'il avait été dans la pègre, on lui aurait mis les deux pieds dans le ciment!»

• Voici la courte histoire d'un mari heureux.
Il était d'ailleurs si heureux que sa femme a embauché deux détectives privés pour en découvrir la raison!

• À l'arrière d'une Volkswagen: «Quand je serai grande, je serai une Lincoln Continental.»

• Mon neveu Éric, qui est étudiant à l'Université de Montréal, a récemment écrit à son père, à Chicoutimi: «Papa, tu veux m'envoyer 500 $? C'est pour m'acheter une encyclopédie.» Je vous jure qu'Éric était en joyeux maudit quand, de Chicoutimi, son père lui a fait parvenir l'encyclopédie par la poste!

• J'ai deux amis qui ont fait un mariage parfait: il ronfle et elle est sourde.

• À la sortie de Ville Mont-Royal passe un gros camion rempli de tourbe. De faire remarquer Donatien: «Ça, ça doit appartenir à Charlemagne Beaudry. Il est tellement riche qu'il envoie tondre son gazon à l'extérieur!»

• À Houston, on vient de lancer un disque de trois minutes de silence. Pour ceux qui n'aiment pas la musique.

• Lu, sur la porte arrière d'un camion de la Howard Johnson (les hôtels et motels): «Put yourself in our place — Mettez-vous chez nous.»

• — T'as vu, dehors? Il fait un temps de menuisier.
— Comment ça?
— Il mouille. Ça tombe comme des clous.

• — Est-ce que l'augmentation du prix de l'essence t'affecte beaucoup?
— Pas une miette. J'en mets toujours juste pour 5 $.

• Vu une femme qui faisait du jogging dans ma rue... Elle était jolie, sa taille était fine, mais ses seins étaient si gros qu'elle avait les deux yeux au beurre noir!

• À la porte du club de boxe de Georges Drouin: «Entrez d'abord. Vous frapperez ensuite!»

• Le psychiatre à la star de cinéma: «Dites-moi, cette haine que vous éprouvez à l'endroit des hommes... est-ce que cela a commencé avant ou après votre septième mariage?»
(À propos, connaissez-vous le slogan des psychiatres? «Le monde est fou, Dieu merci!»)

• Avez-vous entendu parler du ferblantier qui a fait faillite? Il n'avait plus une tôle.

• — Je trouve que tu as l'air cultivé.
— Vraiment?
— T'as l'air kokombe!

• — M'achèteriez-vous un billet, monsieur? On fait un tirage pour une vieille femme.

— Pourquoi voudrais-je gagner une vieille femme?

• Raymond, qui avait bu plus que de raison, arrête un passant et lui demande où est la rue Saint-Joseph. «Tout droit», fait le passant. Alors, Raymond s'assoit sur le trottoir et se met à pleurer. «Tout droit, vous dites? Je n'y arriverai jamais!»

• Hier matin, j'ai vu mon curé à genoux devant sa vieille voiture.
— Vous priez dehors, par un temps pareil?
— Pas ça. Je suis en train de lui administrer l'extrême-onction!

• Mon fils me fait honneur. Quand il était jeune, j'avais prédit de grandes choses pour lui. Tu vois, aujourd'hui? Il chausse des douze!

• — J'aimerais donc ça avoir les moyens de prendre un coup solide...
— Mais c'est ce que tu fais tous les soirs, mon cher.
— Oui, mais j'ai pas les moyens!

• Lors de la mort de Lucky Luciano, Hemingway écrivit: «C'était un dur, mais un illettré. Ainsi, il ne se couchait jamais sans avoir son revolver comme livre de chevet...»

• Savez-vous pourquoi, au temps de César, les Romaines prenaient des bains de lait? Parce que leurs vaches n'étaient pas assez hautes pour qu'elles puissent prendre une douche!

• Affiché, dans un petit restaurant: «Ne vous moquez pas de notre café. Vous aussi, un jour, vous serez vieux et faible!»

• La différence entre un madrier et un fonctionnaire, c'est que le madrier finit toujours par travailler...

• Lorsque vos dents claquent comme des castagnettes, ce n'est pas qu'il fait froid. C'est que vous avez la grippe espagnole!

• Le mari, rentrant à la maison, saute au cou de sa femme: «Grande nouvelle, mon amour! J'ai enfin décroché la job que je voulais! Tu commences demain matin!»

• — Maman? Le perroquet a disparu.
— Disparu? Mais comment?
— Je n'ai rien vu. Tout ce que je sais, c'est que le chat vient de se mettre à parler!

• C'est Ève qui a inventé la brosse Adam...

• Follement éprise de son patron, une secrétaire d'Amway s'est fait tatouer sur les deux seins: «C'est Amway pis c'est tatoué...»

• Je suis allé dans l'appartement d'un hippie, l'autre jour. C'était tellement sale, encombré et sens dessus dessous que le téléphone a sonné trois fois et on n'a jamais été capable de trouver le téléphone!.

• Fantastiques, les nouveaux satellites de la température! Grâce à eux, maintenant, les météorologistes de Dorval mettent vingt fois moins de temps qu'autrefois à nous donner les mauvais pronostics.

• Ma tante Adrienne, de son propre chef, organise une collecte au profit de l'hôpital Notre-Dame. Pour expliquer son geste généreux, elle dit: «Je dois beaucoup à cet hôpital. Mon mari est mort là.»

• J'ai un nouveau voisin. C'est un vitrier. Il nous a offert un verre... afin de casser la glace.

• Vous savez comment on appelle une dame dont la radio est en panne? Une audi-triste...

• Si vous ressentez une douleur dans l'œil chaque fois que vous prenez une gorgée de café, la meilleure chose à faire, c'est d'enlever la petite cuillère de dans la tasse.

• Le comble du savoir-faire: manger du melon d'eau sans cracher les noyaux.

• — Trompes-tu ta femme, toi, Jean-Denis?
— Qui veux-tu que je trompe? La reine d'Angleterre?

• Matthias Rioux a fait un très bon gag sur Margaret Trudeau. Il a dit: «Voilà une femme que j'admire. Elle est la seule qui ait pu négocier, avec Pierre Elliott, la souveraineté et l'association!»

• Le professeur d'une école de conduite automobile se trouve dans un rang de campagne très retiré, en compagnie d'une jolie jeune élève. Soudain, il fait: «Vous avez réussi le test de la route. Maintenant, pouvez-vous me rappeler où nous avons stationné l'auto, il y a une demi-heure?»

• Vous rendez-vous compte que si Edison n'avait pas inventé l'électricité, nous serions obligés, aujourd'hui, de regarder la télévision à la chandelle?

• Le monsieur rentre chez lui et fait:
— Ouf! J'ai eu mal aux pieds toute la journée.
— As-tu des souliers neufs?
— Non, des dix et demi...

• Un monsieur en goguette appelle Bell Canada: «Mon fil est trop long, je m'enfarge dedans. Vous pourriez pas tirer un peu, sur votre bord?»

• Vous savez pourquoi tant d'homosexuels rêvent de devenir policiers de la route? Pour faire la chasse-à-l'homme.

• Savez-vous pourquoi les nains ne sont jamais les bienvenus dans un camp de nudistes? Parce qu'ils ont toujours le nez fourré dans les affaires des autres...

• C'était une call-girl. Elle était tellement populaire qu'on l'appelait Maurice Richard. D'ailleurs, quand elle a pris sa retraite, à l'âge de 35 ans, Bell Canada a retiré son numéro!

LES P'TITES VITES

Les actualités télévisées…

Le reporter de «votre canal 10» enquêtait dans la rue. Soudain, il aborde un homme âgé:

— Que pensez-vous, monsieur, du nouveau projet de loi fédéral 1140?

— Le quoi?

— Le 1140. Ce bill qui veut légaliser l'homosexualité.

— Ah oui, l'affaire des fifis, là?

— Oui.

— Bah!, vous savez, moi… tant qu'ils mettront pas ça obligatoire!

On se console

Assis devant une grosse assiettée de champignons — son dernier repas —, un condamné à mort fait venir son geôlier: «J'ai toujours aimé follement les champignons. Mais j'évitais d'en manger, car plusieurs espèces sont mortelles. Ce soir est le premier soir où je n'ai pas peur. Vraiment le plus beau jour de ma vie!»

Hum!

Le médecin: Votre mari me dit, madame, qu'après sa première relation sexuelle avec vous, il a toujours très chaud; et qu'après sa deuxième, il a toujours très froid. Comment pourrait-on expliquer cela?

La madame: Facile. La première, c'est en juillet, la deuxième, c'est en janvier!

Léo, moribond

— Hélène, nous avons eu deux beaux enfants et un laid. Est-ce que le laid était réellement de moi?

— Le laid, oui...

Oeil pour œil...

Deux voisins se rencontrent:

— Nous avons décidé de déménager, ma femme et moi. Désormais, nous demeurerons dans un meilleur environnement.

— Nous aussi.

— Sans blague! vous déménagez vous autres aussi?

— Non. Nous, on reste...

Entendu

Dans une salle de montre, Jean-Jules reluque une voiture trouvant cela un peu cher, il se dit: «Si je leur offrais 9 000 $, peut-être qu'ils m'enlèveraient quelque chose du dix mille? On ne sait jamais, je vais prendre une chance.» Alors, Jean-Jules regarde autour de lui et il repère une vendeuse de voitures:

— Madame? Si je vous offrais 9 000 $, qu'est-ce que vous enlèveriez?

— Tout! Sauf mes boucles d'oreilles...

L'amour... fou

Wilfrid était un jeune homme incroyablement timide auprès du sexe opposé. Et il avait déjà 22 ans. C'est pourquoi, un soir, ses parents furent fous de joie de l'entendre dire:

«Bye, maman, bye, papa, je m'en vais voir une fille.» Mais Wilfrid rentra une demi-heure plus tard.

— Tu reviens vite, dis donc, fiston. Tu n'as pas vu la fille? fit sa mère.

— Oh oui! je l'ai vue. Et si je n'avais pas eu la présence d'esprit de me cacher derrière un arbre, elle m'aurait vu elle aussi!

22 de moins

À Miami Beach, la police vient de démanteler un petit réseau de prostitution qui fonctionnait sous la couverture d'une agence d'hôtesses. Le vieux truc. Vingt-deux call-girls travaillaient sous les ordres de la patronne, une certaine Angela Avis. L'agence s'appelait «Hostesses Incorporated». Tiens! J'aurais pensé qu'Angela aurait nommé son agence «Avis Rent-a-Girl»...

Au confessionnal:

— Mon père, je suis sorti avec Rita et je m'accuse d'avoir fait un péché végétal.

Un péché végétal? Qu'est-ce que c'est ça?»

— J'ai fait patate.

Intéressé?

Méo termine son cours d'agronome et, désireux de fonder un foyer sur une ferme, mais sans le sou, il place une petite annonce dans le journal:

«Jeune homme instruit et bien de sa personne aimerait correspondre avec fille de cultivateur possédant un tracteur. Envoyez photo du tracteur.»

Boxe

À la fin du 8e round, au cours duquel son nouveau poulain avait continué à servir de cible à son adversaire, le manager lui fit: «Je pense que je vais te retirer de la boxe et te lancer dans le baseball. C'est la neuvième manche qui s'en vient, le kid, et jusqu'ici t'as un match sans poing ni coup sûr!»

Douce revanche

Un bégayeux rencontre un boîteux et lui dit: «Veux-tu un b-b-b-bon truc pour ne p-p-p-pas boiter? Marche un p-p-p-pied dans la rue et l'autre s-s-s-sur le trottoir.» Alors, le boiteux, qui n'apprécie pas ce genre d'humour, répond du tac au tac: «Veux-tu un bon truc pour ne pas bégayer? Ferme ta maudite grand'yeule!»

Propos sexy

Le docteur: Combien de temps attendez-vous, après un accouchement, avant d'avoir des relations sexuelles avec votre mari?

La madame: Ça dépend si je suis dans une grande salle ou dans une chambre privée.

Arrive en ville!

Le coiffeur pour hommes, au client qui arrive de creux, creux, creux: Voilà, mon cher. Avouez que cette coupe est magnifique! Regardez-vous dans le miroir. Chouette, n'est-ce pas? Je vous ai rajeuni de dix ans.

Le client qui arrive de creux, creux, creux, au coiffeur pour hommes: Pas pire.

Le coiffeur pour hommes, au client qui arrive de creux, creux, creux: Maintenant, un peu de Spray-Net?

Le client qui arrive de creux, creux, creux, au coiffeur pour hommes: J'aimerais mieux un Pepsi!

Entendu

Dans le petit village de Saint-Félicien, je m'arrête dans une station-service et, pendant que le pompiste fait le plein, je lui dis: «Avec cette neige fondante, on ne voit rien.» Réponse du pompiste, du tac au tac:

— Ça change pas grand-chose. Icitte, il n'y a rien à voir!

Le téléphone sonne

— Allô?

— Bonjour, madame; est-ce que François est là?

— Non.

— Dommage. La dernière fois que je l'ai vu, il y a trois mois, il ne se sentait pas bien du tout. Est-ce qu'il est encore malade?

— Non.

— Ah, bravo! Je suis ravi. Vraiment ravi.

— Il est mort hier.

Nos «cousines»

Trois Québécois rentrent de Paris, où ils ont passé une semaine à s'amuser: le fils, le père et le grand-père... «Les Françaises, quel sang chaud!» fait le fils. «Les Françaises, quelle technique!» répond le père. Alors, le grand-père fait: «Les Françaises, quelle patience!»

Au voleur!

Dans un train, un homme est assis seul dans un compartiment. Soudain, la porte s'ouvre et un cagoulard lui crie:

— Ton argent! Vite!

— Mais, je... je n'ai pas un sou.

— Alors, pourquoi tu trembles?

— C'est que je croyais que c'était le contrôleur. Je n'ai pas de billet non plus!

Cinéma

Un homme et sa femme regardent, à la télé, un vieux film western de Gary Cooper. Soudain, pendant une annonce, on entend ceci:

Elle: Ah, le temps du far-west! C'était le bon temps, alors que les hommes étaient vraiment des hommes...

Lui: ... mais qu'ils sentaient le cheval!

À la campagne

Vous connaissez le gag du médecin de campagne qui doit aller visiter un malade, cinq milles plus loin? Sachant qu'il devra traverser une montagne où il y a plein de lièvres, il joint l'utile à l'agréable et apporte son fusil. Or, chemin faisant, il rencontre un fermier qui l'apostrophe:

— Où allez-vous comme ça, docteur?

— Soigner un malade.

— Avez-vous peur de le manquer?

Dans une lingerie...

— Que puis-je faire pour vous, monsieur?

— Je voudrais acheter un soutien-gorge pour ma femme.

— Quelle grandeur?

— Je ne suis pas sûr...

— Disons comme des... heu... des melons?

— Plus petits que ça.

— Des oranges?

— Plus petits.

— Des... des oeufs?

— Frits!

Chez le psychiatre

— Docteur, il faut que vous m'aidiez!

— Couchez-vous, mademoiselle, et dites-moi quel est votre ennui.

— Je suis nymphomane.

— Vous ne pouvez pas tomber mieux; j'avais justement ça dans l'bras!

Écoutez ça...

Un bon gag de Sam Liberman, l'un de mes partenaires de badminton. Il s'agit d'un Père Noël juif qui, la nuit de Noël, réveille un enfant:

— Aie, ti-gars? Veux-tu acheter des jouets?

Promesses des Rhinos

Quelques-unes des promesses électorales du candidat rhinocéros, Sarto Grenier, dans Blainville-Deux-Montagne: 1) remplir la carrière Saint-Eustache d'eau salée afin d'y faire l'élevage des baleines; 2) construire un canal reliant Rougemont à la General Motors de Sainte-Thérèse, afin que les pommes puissent s'amuser avec les citrons; 3) transformer l'aéroport de Mirabel en aéroport souterrain, puis utiliser les pistes en surface comme allées de quilles géantes; 4) pour accélérer les procédures de divorce, créer dans le comté un «Divorce Encounter»...

Un fou, Brejnev?

Le gag de Nick Auf der Maur:

Un Afghan complètement nu court dans les rues de Moscou en criant: «Brejnev est un fou! Brejnev est un fou!» Aussitôt, on arrête l'Afghan et on le condamne à 99 ans de travaux forcés: un an pour tenue indécente, trois ans pour avoir insulté un leader soviétique et quatre-vingt-quinze ans pour avoir révélé un secret d'État.

Sur le mont Royal

— Tu promènes ton chien?

— Minute, maudit drogué! Je suis un policier de la GRC. Ma bête, c'est pas un chien, c'est un joual.

— C'est pas à toi que je parlais, c'est à ton joual!

Petite erreur

Ma voisine Mildred, une Irlandaise, vient d'apprendre que son mari demande le divorce, après seulement trois mois de mariage. Raison: infidélité... C'est que, quand le prêtre a dit «Amen», le matin de son mariage, Mildred a compris «ALL MEN!»

Chinoiserie

Un voleur est parfois décontenancé...

Ainsi, récemment, dans un restaurant chinois, un voleur s'est présenté à la caisse et a fait: «C'est un hold-up!» Et le Chinois, qui ne comprenait ni le français ni l'anglais, a rétorqué sourire aux lèvres: «TO TAKE OUT?»

Ça arrive...

Quand j'étais petit, mon père se faisait voler du bois, dans la cour arrière. Régulièrement... Or, un soir, papa, décidant de faire peur aux voleurs, planta une grande affiche devant la maison, une affiche où il était écrit: «GARE AUX CHIENS». Vous savez quoi? Le lendemain matin, il y avait huit chiens, dans la cour arrière. Qui attendaient le train...

Un coup sûr

— Mes condoléances, madame. J'ai appris la nouvelle là-bas, de l'un de vos amis. Paraît qu'il n'avait pas une santé de fer? Je suis venu tout de suite. Qu'est-il arrivé?

— Disons qu'il n'était pas physiquement très fort. Il était d'une faible constitution. Pauvre Maurice! Au premier choc, pouf! il est tombé et il en est mort. Bizarre, non?

— Qui l'a frappé? Dites-moi, madame! Un batailleur de rue? Un gars de la pègre? J'irai jusqu'au fond des choses. Je le vengerai. Maurice était mon ami. Qui, qui, qui l'a frappé?

— Un autobus.

Dans un bar

— Viens chez moi, je vais te faire voir mon gros chien. C'est un berger allemand. Et tu sais quoi? Il mange jamais de viande.

— Un berger allemand qui mange jamais de viande?

— Jamais.

— Comment ça?

— Je lui en donne pas!

Paysan nationaliste

Un homme est en train de se noyer, dans le lac Saint-Jean. Témoin de la scène: un vieux paysan, appuyé sur un arbre et fumant sa pipe calmement.

Chaque fois que l'homme remonte à la surface, il crie: «Help! Why don't you help me, ol'man?»

Finalement, le vieux paysan lui fait: «C'est peut-être pas de mes affaires, baquet, mais au lieu d'apprendre l'anglais, t'aurais dû apprendre à nager!»

À ne pas faire...

L'idée, en écrivant ou en parlant, c'est de placer tous les mots aux bons endroits. Ainsi, il ne faut pas dire:

«J'ai vu la voiture de ma sœur qui est peinturée en rouge...»

«L'orateur faisait de grands gestes tout en parlant du bras droit...»

«Le lieutenant voulait refaire les forces de ses hommes essoufflés par un repas chaud...»

«J'envoie mon chien chez le vétérinaire par mon frère qui a une patte cassée.»

Le «French kiss»...

— Aïe, papa?

— Oui, ma fille...

— Un «French kiss», c'est une expression anglaise! Si tu veux en parler en français, est-ce que je dois dire «Baiser français»?

— Pas besoin. «French kiss», ma fille, c'est dans les deux langues...

Une «plate»

Un pompier venait de mourir dans un incendie et l'un de ses compagnons de travail, le pompier Audette, fut choisi pour aller annoncer la mauvaise nouvelle à la veuve. Malheureusement, il s'y prit bien maladroitement:

— Vous êtes madame Lalumière?
— Oui.
— La femme du pompier Lalumière?
— Oui.
— Ça vient de s'éteindre!

Une plus «plate» encore

Un piéton se fait écraser à mort. Un rouleau compresseur vient de lui passer sur le dos. Le policier de faction se rend sonner chez la veuve:

— Votre mari, madame, c'était un gros court ben comique?
— En effet.
— Eh bien là, c'est un grand mince ben plate!

Le savoir-faire des petits...

Un élève de 6ᵉ rapporte à la maison son bulletin de fin d'année. Avant de le tendre à son père, il fait:

— Papa? Le talent, est-ce que c'est héréditaire?
— Bien sûr. Ne dit-on pas «tel père tel fils»? Si j'ai réussi, dans la vie, c'est que tu réussiras toi aussi. Tu marches dans mes traces. Ça te fait plaisir?
— Oui, mais...
— Oui, mais quoi?
— J'te jure que j'ai pas de félicitations à te faire pour le bulletin que t'as eu en 6ᵉ année!

Chère Solange

Solange Harvey donnait une petite causerie devant un auditoire de jeunes. Soudain, l'un d'eux lui a demandé pourquoi la mariée était toujours en blanc. Un peu prise à l'improviste, Solange a répondu: «C'est que le blanc est synonyme de pureté. La mariée est pure et elle l'affiche.» Alors, le petit bonhomme lui a demandé pourquoi le mari était toujours en noir!

Ma femme au volant

— Je n'ai jamais compris que ma femme qui, à dix pieds, peut voir un cheveu blond sur mon épaule, est incapable de voir une paire de portes de garage double...

Ce n'est pas qu'elle conduit mal, c'est que la route ne tourne pas en même temps qu'elle.

Un jour, lorsqu'elle était fille, elle a volé l'auto de son père et, chemin faisant, elle a frappé un homme. Comment son père a-t-il appris qu'elle lui avait volé son auto? Facile. L'homme qu'elle a frappé, c'était lui!

La première fois que je suis allé lui acheter une voiture, le vendeur lui a demandé: «Qu'aimeriez-vous, madame? Quatre, six ou huit cylindres?» Elle a dit: «Je vais commencer par un»...

Elle me fait penser à un chat, lorsqu'elle est au volant. Avez-vous remarqué qu'un chat, en course, n'indique jamais de quel côté il va virer?

L'autre jour, ma fille m'a demandé: «Ça a pris combien de temps à maman pour apprendre à conduire?» J'ai dit: «Ça va faire 21 ans en juin prochain...»

Le temps passe

En feuilletant l'album de famille, ma cousine faisait voir à son fils quelques photos anciennes.

— Qui c'est, maman, le jeune monsieur tout bouclé, tout musclé, qui est avec toi sur la plage?

— C'est ton père, chéri.

— Ça, c'est mon père?

— Mais oui.

— Dans ce cas-là, qui c'est le vieux chauve bedonnant qui demeure avec nous autres?

Le curé en arrache!

Un curé de campagne, à un vieux paroissien:

— Depuis quand ne salue-t-on plus son curé?

— Depuis que vous avez déclaré en chaire: «Hors de l'Église, point de salut.»

• Le même curé, à l'un de ses moutons noirs qui est reconnu pour avoir une maîtresse:

— À quoi penses-tu, l'ami? Personne ne peut avoir deux femmes.

— Vous en avez bien deux, vous, au presbytère?

— Oui, mais moi, il s'agit de deux ménagères.

— Vous êtes chanceux en maudit: les miennes, c'est deux gaspilleuses!

Entendu

Dans un petit restaurant-bar de l'hôtel Bonaventure, un client s'amène et s'attable. Il est 4 h de l'après-midi. Alors, la serveuse vient vers lui:

— Un café, monsieur?

— Non, pas de café.

— Un thé, monsieur?

— Non, pas de thé.

— Un whisky-soda, monsieur?

— Non, pas de soda...

Très vrai!

Jamais ne vous ai-je parlé de mon oncle Élus (quel nom, entre vous et moi)... Un brave type, l'oncle Élus. 71 ans. Sa femme l'appelle «mon ange», même s'il a plutôt l'air d'un ancien boxeur que d'un ange... Si je vous en parle aujourd'hui, c'est que mon garçon a fait un bon gag, l'autre soir, lorsque l'oncle Élus s'est présenté et a sonné à ma porte. Après avoir retiré les rideaux pour voir qui venait, Francis a fait:

— Maman? C'est l'ange Élus qui sonne...

Le juge

— Au moins dix personnes vous ont vu commettre ce crime.

— Pis? Je peux en trouver mille qui ne m'ont pas vu!

Une vite...

La femme enceinte, au médecin qui vient de lui prescrire des pilules:

— Je n'en veux pas, docteur, de vos pilules. Ce que je veux, c'est des médicaments liquides. Si j'étais capable d'avaler des pilules, mon cher, je ne serais pas ici, aujourd'hui?

Mon Dieu, mon Dieu...

C'est dimanche matin. Attablé dans un petit restaurant, j'avale mes oeufs. À la table d'à côté, deux «gais» feuillettent le Journal. Soudain, dans la section sportive, ils tombent sur un titre de football: «Holloway limité à cinq verges». Réaction de l'un de mes deux voisins: «Qu'est-ce qu'il a à se plaindre, Holloway? Cinq, c'est pas rien!»

Dans la rue

Deux taxis, circulant en sens inverse, entrent en collision. Alors, les deux chauffeurs descendent et on entend:

— Qu'est-ce qui arrive? Es-tu aveugle?

— Aveugle? Je t'ai frappé d'aplomb, non?

Chez l'armurier

Le client désire acheter un pistolet et le commis lui demande s'il en veut un à 6 ou 8 coups. «Un instant», fait le client. Il prend le téléphone, compose un numéro et:

— Allô, la Banque de la Nouvelle-Écosse? Combien avez-vous d'employés? 6 ou 8?

Conseil médical

Vous savez quoi faire avec un bébé qui tousse, la nuit, et qui ainsi vous réveille? Facile. Chaque fois qu'il tousse, vous allez lui faire avaler une cuillerée d'huile de castor. Ça ne guérira peut-être pas sa toux, mais je vous jure qu'il va essayer de se retenir en jésumarie!

La vache!

Suzanne vient de congédier Rita, notre femme de ménage. Vous savez ce que Rita nous faisait? Elle nous volait nos plus jolies serviettes de bain. Celles sur lesquelles nous avions fait imprimer: «Holiday Inn»…

Latin de cuisine

La blonde de Raymond, Maria, lui apprend qu'elle est enceinte. Très catholique, notre ami décide d'aller s'en accuser au confessionnal. Mais de peur d'être entendu par ceux qui attendent en ligne, Raymond, qui a déjà appris un peu de latin, choisit de s'adresser au curé en cette langue. «Maria plena», faitil. Et l'autre, imperturbable, lui répond du tac au tac: «Eh bien… mari stella».

Chez le docteur

— Vous êtes complètement épuisé, mon ami. Vous avez été un peu trop «playboy». Désormais, et pour un bon petit bout de temps, contentez-vous de relations sexuelles semi-annuelles.

— D'accord, docteur. Mais dites-moi «semi-annuelles», ça fait combien de fois par jour?

Il s'en fiche!

À minuit, une femme entre dans un bar et aperçoit un buveur dans un état d'ébriété avancé:

— Pauvre monsieur, il ne faut pas boire comme ça!

— Bah... qu'est-ce que ça peut faire?

— Savez-vous que chaque année l'alcool tue des milliers de Québécois?

— Ça m'est égal... j'suis de l'Ontario!

Est pris qui...

«Un entrepreneur de Saint-Eustache s'est follement amouraché de Monique, une jolie divorcée de Sainte-Marthe-sur-le-Lac. Pendant trois mois, tous les matins, il a envoyé son commis porter à Monique une douzaine de roses. Eh bien, ce qui devait arriver est arrivé, ils viennent de se marier! Monique et le commis...»

En autobus

Une dame monte dans l'autobus et demande au chauffeur:

— Est-ce que cet autobus se rend au Forum?

— Non, madame.

— Pourtant, vous avez une annonce, à l'arrière, annonçant le cirque des Shriners au Forum.

— Oui, madame. Et à l'intérieur, nous avons aussi trois autres annonces annonçant les Boston Beans, le tabac de Virginie et le fromage suisse. Rassurez-vous, on ne va pas là non plus!

Question de calligraphie

Les médecins, en écrivant une ordonnance, le font dans une écriture illisible. C'est connu! Seuls les pharmaciens ont appris à pouvoir déchiffrer le message... Pourquoi cet état de choses? Je me le suis souvent demandé. C'est-à-dire que je me le suis demandé jusqu'à avant-hier. Maintenant, je sais... Mon médecin, en effet, m'avait remis une ordonnance que j'ai portée chez un pharmacien qui, lui, est un ami fort intime. Il s'appelle Alfred.

— Écoute, Alfred, dis-moi ce qui est écrit là-dessus. Te révèle-t-on que je souffre d'une maladie grave?

— Si je te dis ce qui est écrit, me promets-tu de n'en souffler mot à personne?

— Promis.

— Même pas à ta femme?

— Promis, je te dis.

— Bien. Alors, c'est écrit: «Je viens de faire mon fric, fais le tien!»

Lu ici et là:

«Le cadavre était mort depuis une semaine»... «L'hélicoptère, ayant perdu son hélice, n'a pu se maintenir, alors il s'est écrasé» «Maison à vendre, sauf le sous-sol» «L'automobile reculait sur une route où il faut avancer»... «Avant de mourir, la victime eut le temps de voir son agresseur. Malheureusement, à l'arrivée de la police, la victime était morte. Elle n'a donc pas pu révéler à la police le nom de cet agresseur.»

Le vice vers ça...

— Papa, j'ai maintenant 18 ans. Pourrais-tu me prêter ta Cadillac, ce soir? Mon amoureux vient me voir.

— Mais tu n'as pas ton permis de conduire...
— Pas grave: on ne sortira pas du garage!

Chère Solange Harvey

«Je suis une jeune mariée déçue. J'ai épousé mon patron dès le lendemain d'une déclaration d'amour. Un coup de tête. Une folie. Je voyais déjà la fortune me pendre au bout du nez. Or, non seulement mon nouveau mari m'a-t-il trompée sur les dimensions de son bateau, mais, en plus, c'est moi qui rame!»

Les gags du barbier

— Je voudrais un revolver, dit une dame à un armurier.
— C'est pour vous défendre?
— Non. Pour me défendre, je prendrai Raymond Daoust!

•

Le docteur, à son vieux patient.
— Votre jeune maîtresse abrège vos jours, mon cher
— Oui, mais elle allonge mes nuits!

•

Un alcoolique s'éveille à 4 h du matin:
— Aie, madame? Kossé que vous... kossé que tu fais dans mon lit?
— Eh bien, je trouve ce lit confortable, j'aime cette chambre et, de toute façon, je suis ta femme, maudit ivrogne!

•

Une voisine arrive chez son amie
— Il fait un vent à écorner tous les cocus de la terre! Tu savais?

— Mon Dieu! Et mon mari qui est parti sans son chapeau!

Un record

Vous savez quel est le roman le plus court qui ait jamais été écrit? Il ne comprend que deux lignes et il a été réussi par un jeune étudiant à qui le prof avait dit que la formule idéale, pour écrire un bon roman, était d'y mêler quatre sujets principaux: la religion, la monarchie, le sexe et le mystère. Or, le jeune homme pondit ce qui suit:

— Jésus Marie!, cria la princesse. Encore enceinte? C'est qui, cette fois-là?

(Vous avez déjà tout: votre religion — «Jésus Marie» — votre monarchie — «la princesse» — votre sexe — «encore enceinte» — et votre mystère — «c'est qui?»

Miracle!

Un paraplégique (très croyant) s'était amené à Lourdes et s'était fait rouler jusqu'à la ceinture dans l'eau miraculeuse. En le retirant de l'eau, vous savez quoi? On s'est rendu compte que sa chaise roulante avait deux roues neuves!

Chez le psychiatre

— Docteur, mon mari se prend pour un chien.
— Est-ce que ça paraît beaucoup?
— Non. Sauf quand il passe devant un poteau...

Le sexe fort...

L'autre matin, Ti-Toine est arrivé au bureau l'air maussade. Un de ses compagnons de travail lui a demandé ce qu'il avait:

— T'es-tu chicané avec ta femme, Ti-Toine?

— Elle m'a fait une scène terrible. Et pour des enfantillages, comme d'habitude...

— Ça, s'est terminé comment?

— Elle a fini par ramper à quatre pattes.

— Sans blague! Et elle t'a dit quoi?

— Elle a dit: «Sors d'en dessous du lit et viens te battre comme un homme!»

Menaces

Avant-hier, Jean-Jules a téléphoné au poste de police pour se plaindre:

Depuis quelque temps, je reçois des lettres de menaces, sergent.

— Anonymes, évidemment.

— Non, c'est signé! C'est signé: Revenu Canada.

Quoi?

Un mendiant, à Mme Plamondon qui vient de lui ouvrir:

— Je n'ai pas mangé depuis trois jours, madame. je mangerais n'importe quoi.

— Mangeriez-vous de la soupe de la veille?

— Oh oui! madame.

— Alors, revenez demain!

Chez le fleuriste

— Bonjour, monsieur. Que puis-je faire pour vous?

— Je voudrais avoir des géraniums.

— Je m'excuse, mais je manque de géraniums, en ce moment. Pourrais-je vous offrir des chrysanthè-mes?

— Non, c'est des géraniums que je veux.

— Pourtant, des chrysanthèmes, c'est encore plus beau.

— Je veux des géraniums.

— Et je continue de vous suggérer des chrysanthèmes.

— Des chrysanthèmes... je m'en fous de vos chrysanthèmes! Allez-vous me lâcher avec vos chrysanthèmes? Quand ma femme est partie en voyage, c'est ses géraniums qu'elle m'avait dit d'arroser tous les jours, pas ses chrysanthèmes!

Confidentiellement

Hier soir, ma femme a mis ses bas noirs. Je lui ai demandé si elle était en deuil. Elle a dit: «Non, mais j'ai les jambes mortes...»

Mon ami Denis Gauthier, de Chibougamau, s'est levé, hier matin, avec un terrible mal de bloc. Comme lendemain de veille, ce fut épouvantable! À tel point que Denis a embrassé la poubelle et mis sa femme sur le bord du chemin.

Hum!

Une femme de 40 ans entre dans un bar de Miami et dit au barman: «Il fait chaud. Servez-moi quelque chose de grand, de froid, avec plein de gin dedans. Alors, on entend une voix féminine rétorquer: «Barman? Servez-lui mon mari!»

Rusé

Deux colosses de la compagnie de finance sont entrés chez moi pour saisir mon piano, au deuxième étage, sous prétexte que je leur devais encore 75$. Je les ai laissés faire un petit moment mais, quand ils ont été rendus au rez-de-chaussée, je les ai payés. Depuis le temps que je voulais avoir mon piano en bas!

Frustrant!

Méo n'a que 50 cents en poche, il fait chaud et il décide d'aller prendre une bière, à la taverne du coin. On lui apporte son verre de blonde pétillante, oh, quel régal en perspective! Désireux d'aller se laver les mains, mais craignant qu'on lui vole sa bière, il laisse un petit message sur la table: «J'ai craché dedans.» À son retour de la salle de toilette, la bière est effectivement toujours là, mais sur le petit papier, quelqu'un a ajouté: «Moi aussi!»

Dans un bar

Un gars commande un Martini, met l'olive dans un pot vide qu'il a apporté et il boit le Martini. En commande un autre et fait la même chose. Après dix Martini, la barmaid lui demande pourquoi il insiste pour avoir des olives, s'il ne les mange pas.

— C'est que ma femme m'a envoyé chercher un pot d'olives!

Dans un autre bar

Le client est un intellectuel au bec pincé, une espèce de gradué des Jésuites.

— Garçon? Un Martinus, s'il vous plaît.

— Mande pardon?

— Un Martinus.

— ... Vous voulez dire un Martini?

— Non, Martinus. Quand j'en voudrai deux, je vous le dirai!

Pensée

Passer une nuit blanche n'est jamais très agréable. Sauf quand on la passe avec une Noire.

Jeunesse d'aujourd'hui

Vous êtes-vous déjà jésumaricrucifié? Non? C'est que vous n'êtes pas à la mode... L'autre soir, je jouais au badminton contre un neveu de 18 ans. Lors du point de match, son volant atterrit à six pouces en dehors des limites du court. Alors, je lui ai lancé: «Désolé, t'es en touche, tu viens de perdre. Mais t'en fais pas, je vais te donner ta revanche.» Réponse du neveu:

— Je m'en jésumaricrucifie...

— Mande pardon?

— Je m'en jésumaricrucifie, mon oncle! Après tout, on ne joue pas pour de l'argent.

— (...) Bon.

Pour le début du second match, c'était donc à moi à servir. Toisant mon neveu, j'ai fait: «Prends garde, je vais t'envoyer le volant très haut.» Réponse:

— Si tu fais ça, mon oncle, tu signes ton arrêt de mort. Je vais te jésumaricrucifier le moineau entre les deux jambes!

J'ai servi très haut... et, effectivement, le p'tit bonjour m'a jésumaricrucifié ça à l'endroit promis! Alors, je lui ai dit: «Bravo. T'es dans l'parfait, sur le plan de la jésumaricrucification!» (Faut être de son temps, non?)

Le barbier et ses gags

Une jeune fille rentre chez elle à 5h du matin et son père, qui l'attendait, lui crie:

— C'est toi, fille du diable?

— Oui, papa.

•

Camil Samson arrive à Tel-Aviv et une Israélienne lui fait «Chalom». Furieux, Camil rétorque: «Chale femme!»

•

Deux soldats s'arrêtent devant une affiche où il est écrit que l'alcool dégrade. «On s'en fout, fait l'un d'eux: on n'est pas gradé...».

•

Comment appelle-t-on un bébé juif qui n'est pas circoncis? Facile. On appelle cela une petite fille.

•

En achetant une petite voiture, on sauve de l'argent en essence. D'accord. Par contre, ça coûte plus cher de motel!

•

La plus belle carrière du monde est celle de la médecine. Dans quelle autre profession un homme peut-il faire déshabiller une femme puis envoyer la facture au mari?

À propos de gambling

Vous savez pourquoi certaines gens sont si chanceux aux cartes, mais qu'ils perdent toujours à Blue Bonnets? C'est qu'à Blue Bonnets on ne leur laisse pas brasser les chevaux!

•

Entendu Mme Jacques Beauchamp dire à son mari, au sortir de l'église: «Pour la centième fois, Jacques, je te répète que c'est ALLÉLUIA qu'il faut changer, pas HIALÉAH!».

•

Vous savez qui fut la plus grande joueuse de l'histoire de l'humanité? Lady Godiva. Elle a mis tout ce qu'elle avait sur un même cheval...

Vu

Sur un panneau publicitaire, angle Jarry et Ligne-ries, à Saint-Léonard: «Construction Magri Inc. Bientôt nous construirons des maisons luxcieuses. Pour ordination, appelez...».

— Allô? Construction Magri?
— Oui.
— C'est à propos de vos ordinations.
— Oui, oui...
— Fournissez-vous la soutane?

Le secret du succès

Un important homme d'affaires, à son fils:
— Mon garçon, si tu veux réussir en affaire, il y a deux choses de vitales. Absolument nécessaires.
— Lesquelles, papa?
— Il faut que tu fasses preuve d'honnêteté et de sagesse.
— L'honnêteté, c'est quoi?
— Quoi qu'il arrive, même si cela peut te faire mal, quand tu donnes ta parole à un client, tiens parole.
— Et la sagesse?
— Donne-la jamais!

Avis

Le promeneur Maurice Petit me demande de vous transmettre le message suivant: «De tous les enfants qui viennent au monde, un sur cinq est un Chinois. Alors, méfiez-vous, les p'tites filles blondes qui allez manger dans le Chinatown!

Pas bête

— Papa, je ne pourrai pas aller à l'école, aujour-d'hui.

— Pourquoi?

— Je ne me sens pas bien.

— Où ne te sens-tu pas bien?

— À l'école.

Revanche

Rentrant, le soir, un mari retrouve sa maison sens dessus dessous. Un vrai bordel. Alors, il demande à sa femme:

— Pour l'amour du bon Dieu, veux-tu bien me dire ce qui s'est passé?

— Rien de particulier, chéri. Tu me demandes toujours ce que je fais toute la journée. Eh bien, maintenant, tu le sais. Aujourd'hui, je n'ai rien fait!

Félix

«Il y a tellement d'élections qu'on va finir par manquer de pots de vin.»

Dans le «Petit livre bleu de Félix», que je relisais (Ed. de l'Arc), Leclerc se moque avec humour de quelques originalités typiquement françaises. Ainsi, il parle des panneaux routiers en France: «Ligne blanche effacée sur deux kilomètres», «Ligne blanche effacée sur un kilomètre», «Fin de ligne blanche effacée»…, «Trou dangereux à 3 kilomètres», «Trou dangeureux à 2 kilomètres», «Trou dangereux à 1 kilomètre», «Ici trou dangereux», «Fin du trou dangereux»!

Mamours

Une mère rentre à la maison et se rend compte que son fils de 17 ans est au salon avec sa blonde et que le salon est plongé dans l'obscurité totale.

— Qu'est-ce que tu fais là, Gaston?
— Rien, maman.
— Ton père en personne!

Il faut de tout...

Le téléphone sonne dans une station-service et un client apparemment éméché demande qu'on vienne ouvrir la porte de sa voiture: il a oublié ses clés en dedans.

— Quelle sorte d'auto avez-vous?
— Une Ford décapotable.
— D'accord, on va être là dans une demi-heure.
— Vous ne pouvez pas venir plus vite? Il neige.
— Puis? Qu'est-ce que ça peut faire, qu'il neige?
— Mon toit est baissé!

Rapports d'accident

Les compagnies d'assurances en reçoivent de toutes sortes, voyez cela... «J'ai été éjecté de mon auto, quand elle a quitté le chemin. J'ai été retrouvé par des vaches, cinquante pieds plus loin»... «J'essayais de tuer une mouche, dans mon pare-brise. C'est là que je suis rentré dans le poteau»... «Cela faisait 40 ans que je conduisais sans accident, lorsque je me suis soudain endormi»... «Je pensais que ma vitre de gauche était baissée, mais je me suis rendu compte qu'elle ne l'était pas. C'est comme ça que je me suis cassé le bras gauche»...

Une corsée...

Popol s'en va se faire faire un pantalon sur mesure et le couturier tente de le convaincre que le pantalon doit avoir une fermeture éclair.

— J'en veux pas de fermeture éclair, monsieur! Je veux une fermeture à boutons.

— Ça ne se voit plus...

— Ça se verra! Je ne veux pas de fermeture éclair, c'est tout. Je préfère des boutons. D'accord?

— Oui, oui, ça va... mais pourrais-je savoir pourquoi vous n'aimez pas les fermetures éclair?

— C'est parce que j'ai une veste, avec fermeture éclair, et ma cravate est toujours prise dedans!

En cour

Une femme est accusée d'avoir frappé son mari parce que ce dernier l'avait accusée d'être «une pute de trente sous».

— Avec quoi votre femme vous a-t-elle frappé?

— Avec un sac de trente sous!

Ça change...

Autrefois, à l'entrée des petites villes, la police plantait des écriteaux marqués: «Attention à nos enfants!» Maintenant, on en plante d'autres qui se lisent ainsi: «La plupart de nos enfants se droguent. Attention à vous autres!»

Ouche!

Le gag de Jacques Proulx... Un élève du secondaire rentre chez lui et raconte à son père que son nouveau prof de français est très beau, bien mis, d'une correction de langage remarquable. Et il ajoute: «Paraît qu'il fait même ses robes lui-même!»

Médecine

Un éminent médecin spécialiste rentre d'une courte excursion de chasse au canard et dit à sa femme:

— Je n'ai rien tué de la journée.

— Première fois de ta carrière! fait-elle...

Il y tenait!

Le gars est saoul et il titube, son 40 onces à la main. Passe le curé qui fait:

— Pauvre ami. Qu'est-ce qui vous arrive?

— Je suis en party. Ça se voit, non?

— Mon Dieu, mon Dieu... vous me voyez, moi? J'ai 58 ans et je n'ai jamais touché à une bouteille.

— Pis tu toucheras pas à celle-là non plus!

Entendu

La femme à son mari: «Je ne voudrais pas te dire que tu engraisses, chéri, mais ton hamac est à la veille de toucher le sol!»

• Deux paysagistes qui se rencontrent:

— Talus!

Une affreuse...

Cela se passe au début du printemps. Le petit garçon monte du sous-sol et crie:

— Maman? Papa vient de se pendre, dans le sous-sol.

Affolée, la mère descend, puis remonte:

— Espèce de petit menteur! Papa n'est même pas là.

— Poisson d'avril, c'est dans le garage qu'il s'est pendu!

Curé maladroit

Lassé de l'apparente inertie de ses paroissiens, un curé décide de les secouer, lors d'une messe du dimanche matin. Il s'empare d'un crucifix, le brandit et déclare: «Vous voyez cette couronne d'épines? C'est vous autres qui avez fait ça. Vous voyez ces clous dans les mains et les pieds? C'est vous autres qui avez fait ça. Vous voyez ce sang qui coule des blessures? C'est vous autres qui avez fait ça.» Soudain, le curé, maladroit, échappe le crucifix par terre. Alors, un paroissien se lève et fait:

— C'est ça. Casse-lui la gueule et tu vas encore dire que c'est de notre faute!

Le lendemain
de la veille

J'aimerais vous donner des nouvelles de mon cousin, Jean-Jules. Permettez? Il ne boit pas souvent, Jean-Jules, mais ça lui arrive. Vous auriez dû voir dans quel état il est rentré chez lui, l'autre soir. Une honte!

Le moins que l'on puisse dire, c'est que ce n'était pas le moment de lui demander de résoudre un problème d'algèbre.

Le lendemain matin, sa femme lui a dit:
— Jean-Jules, tu as dormi comme une bûche, cette nuit.
— Moi, dormir comme une bûche? C'est bizarre. J'ai l'habitude d'avoir le sommeil léger.
— T'as couché dans le foyer!

Un nouveau
jeu-vérité

Qu'on ne vienne pas me dire que les jeunes d'aujourd'hui n'ont pas d'imagination. Ainsi, cette preuve que me fournissait hier mon neveu de 16 ans... Il fait partie d'un groupe et son groupe a inventé un truc formidable pour s'amuser. Cela s'appelle: «Trois-Heures-Copains»...

Première heure: chacune fume du «pot»;
Deuxième heure: chacun boit de la bière;
Troisième heure: chacun doit trouver son nom!

Oups!

Un jeune éleveur téléphone à son agronome.
— Combien de temps dois-je laisser le coq avec mes poules?
— Une minute, dit l'agronome occupé avec un client.
— Merci! fait l'autre. Et il accroche...

Entendu

Dans un salon mortuaire, devant le mort:
«Pauvre Raymond! Lui qui a toujours été habillé comme la chienne à Jacques, regarde-le, ce soir: chic comme un cœur, en toxedo, mais pas de place où aller!»

Non, madame!

À une «ligne ouverte» où l'on parlait des vins français, une dame a téléphoné pour dire que, l'an dernier, elle se trouvait justement dans la région du Bordelais, en France, à l'époque des «vidanges»!

L'animateur n'a pas osé lui faire la leçon. Il s'est contenté de s'esclaffer, suscitant ainsi l'étonnement de l'interlocutrice:
— Kossé que vous avez à rire de même?
— À cause du lapsus que vous venez de commettre, madame.

— Du quoi?

— Lapsus... Vous avez dit que vous vous trouviez en France, en région viticole, à l'époque même des «vidanges».

— Pis? C'est ça... C'est comme ça qu'ils appellent ça, là-bas, quand ils ramassent les raisins. Je le sais, j'étais là! C'était la saison des vidanges...

— (Riant) Merci, madame, de nous avoir téléphoné.

On a eu chaud!

Une jeune employée de manufacture rentre à la maison, en fin de journée, et fait:

— Maman, il m'arrive quelque chose de grave, de terrible. À seulement 17 ans, tu te rends compte?

— Qu'est-ce qui arrive donc?

— Je suis enceinte, maman...

— Seigneur que tu m'as fait peur. Je pensais que tu avais perdu ta job!

Hennissement

Chaque fois que Raymond s'absentait de la maison, le soir, il faisait croire à sa femme qu'il allait aux courses à Blue Bonnets.

Or, un jour, à l'heure du souper, alors que Raymond revient du bureau, sa femme lui dit:

— Ce soir, tu vas encore aux courses?

— Mais oui. Comme tu sais, c'est mon petit vice...

— J'ai de mauvaises nouvelles pour toi, mon Raymond.

— Mauvaises nouvelles?

— Ta jument vient de téléphoner; elle dit qu'elle est malade. Qu'il faut pas compter sur elle, ce soir!

Soif d'amour

— Docteur, c'est effrayant!

— Qu'y a-t-il, mademoiselle?

— Chaque nuit, je rêve à un bel homme qui tente de m'attirer dans son appartement. Et je le repousse et je le repousse. Toujours le même rêve.

— Vous voulez que je vous arrête de rêver à cela?

— Non. Je voudrais que vous me cassiez les deux bras!

Ça se comprend

Un paysan rencontre un voisin dont la vache a eu les quatre pattes coupées par la foudre:

— Comment va ta vache?

— Elle est bien basse...

Au presbytère

Lui: On vient pour se marier.

Le curé: asseyez-vous, je vous prie.

Elle: C'est déjà fait, monsieur le curé. Vous en faites pas, on s'est asseyé... et ça marche!

Entre hippies

— Sylvie, j'ai envie de faire l'amour avec toi.

— As-tu un corps net, Willie?

— Non, mais j'ai une Corvette.

— Ça va faire pareil...

Surprise!

L'homme rentre chez lui, en fin de journée, et son épouse fait: «Tu sais quoi? Je suis allée voir un médecin et il m'a dit que j'étais enceinte. Es-tu content?» Réponse du mari: «Moi aussi, je suis allé voir un médecin, aujourd'hui, et il m'a dit que j'étais stérile. Es-tu contente?»

Gôs pôblême...

Une réfugiée haïtienne demande à son jeune fils de sortir prendre l'air et d'aller patiner. Quelques minutes plus tard, l'enfant revient en pleurant.

— Qu'est-ce qui t'arrive, chéri?
— J'ai pas le droit. C'est écrit: «PA-TI-NOIR».

Les politiciens!

Au cours d'une campagne électorale, un Premier ministre disait à son auditoire:

— Tout ce que nous vous demandons, c'est quatre autres années, afin de pouvoir compléter notre programme électoral.
— Et c'est quoi, lança une voix, votre programme électoral?
— De rester au pouvoir pour encore quatre ans!

Attention!

— Allô, docteur? Ma petite a avalé du sable.
— Du sable?
— Oui, docteur. Je lui ai fait boire de l'eau; maintenant, qu'est-ce que je dois faire?
— J'arrive! Surtout brassez-la pas. À moins que vous ayez besoin de ciment?

L'astuce

François, mon neveu, a inventé une façon de ne pas trop dépenser d'argent, lorsqu'il amène ses blondes dans un restaurant. Il leur dit:

— Qu'est-ce que tu vas manger, ma grosse?

Dans une usine

Le patron: Pourquoi places-tu toujours ta casquette de côté, chaque fois que je te remets ton chèque de paye?

L'employé: C'est que je me dis que, encore une fois, c'est tout ce que je pourrai mettre de côté.

Chevaux
(vapeur ou non)

— Mon frère est un vrai casse-cou. Tu devrais le voir, au volant de sa Corvette. Il tourne les coins rien que sur deux roues.

— C'est rien, ça. Mon grand-père avait une belle charrette qui était tirée par deux chevaux. Le vendredi soir, quand il rentrait de la taverne, il tournait les coins rien que sur un cheval!

Le sens pratique

Ti-Jean avait une nouvelle blonde à qui il faisait des propositions malhonnêtes.

— Non, Ti-Jean. Seulement quand je serai mariée.

— Bon, d'accord. Quand tu le seras, téléphone-moi!

Mande pardon?

Un homme vêtu de bleu est frappé par une voiture bleue. Une ambulance bleue l'amène à un hôpital bleu où on l'installe sur un lit aux draps bleus, dans une salle d'opération aux murs bleus, et un médecin en bleu l'opère. Plus tard, notre homme se réveille dans une chambre bleue et une infirmière est à ses côtés, vêtue de rouge. Elle s'était trompée d'histoire...

(À raconter en fin de party, lorsque vous voulez que vos invités fichent le camp.)

En cour

Savez-vous l'histoire de l'Inuk qui est accusé de viol? L'avocat de la Couronne l'appelle à la barre et fait:

— L'accusé peut-il dire à la Cour où il était, dans la nuit du 30 septembre ou 15 avril?

Ti-Ouis

Le jour de sa retraite, devant ses camarades de travail de l'usine qui le fêtaient, Ti-Ouis leur a dit: «Je suis fier d'avoir travaillé ici pendant 30 ans. Pendant tout ce temps, j'ai appris à jouer à la bourse, je me suis budgeté et j'ai investi des sommes importantes, afin de pouvoir donner à mes enfants ce que je n'ai jamais eu moi-même: un père dans les dettes jusqu'au cou!»

C'est bâdrant!

Il arrive à des gens d'aimer manier la tondeuse. Ainsi, l'autre jour, j'étais au chalet d'un copain, à Sainte-Marguerite. Il me disait bien aimer son voisin, sauf les rares soirs où ce dernier rentre saoul, chez lui.

— Comment sais-tu qu'il est saoul, ces soirs-là? Il gueule? Il crie?

— Non, il ne dit pas un mot. Mais il se met à couper son gazon à 2h du matin!

Guy Pagé

L'autre jour, notre chroniqueur de plein air a invité quelques amis à la chasse au canard, pour leur démontrer son habileté de tireur. «D'accord, Guy, on t'accompagne.» Après une heure d'attente, passe enfin un canard. «Regardez-moi bien», dit Guy. Il épaule, tire, ça fait pawe, et le canard continue son chemin sans broncher.

— Ah bien, je n'ai jamais vu ça, fit-il. Un canard mort qui vole!

Chez le docteur

— Ouais! Eh bien, madame, vous avez un sérieux problème de peau, dites donc.

— Qu'est-ce qu'il y a, docteur?

— Vous en avez trop!

Un marrant

Après avoir été opéré aux deux bras, le patient quitte l'hôpital et le médecin lui dit:

— Pas question de travailler avant deux mois.

— Ensuite, est-ce que je vais pouvoir jouer du piano?

— Mais oui, mais oui, monsieur. Facilement.

— Good!

— Comment, good?

— C'est parce qu'avant, je savais pas jouer!

Maurice Petit

• J'ai l'impression que personne ne m'aime. Même mon frère jumeau ne se rappelle pas de la date de mon anniversaire de naissance!

• Au gas-bar de Saint-Clet, j'ai demandé un dollar d'essence. Ils ont rempli mon briquet...

• Lorsque j'ai voulu parler à un fermier de Saint-Polycarpe, sa femme m'a dit: «Il est dans la porcherie, en train de nourrir les cochons. Il est facile à reconnaî-tre: c'est le seul qui a un chapeau de paille sur la tête!»

Enregistrement

«Bienvenue à bord du premier vol international entièrement électronique. Voilà un autre triomphe du génie moderne. Cet avion n'a ni pilote ni copilote ni navigateur. Tout est contrôlé électroniquement et vous êtes en toute sécurité. Il est techniquement impossible que quoi que ce soit fasse défaut... fasse défaut... fasse défaut... fasse défaut...»

En mer!

Hier, un navire en provenance de Hong Kong et transportant une cargaison de 500 000 balles de ping pong a coulé dans le Paficique. Il a coulé trente-huit fois.

À bord du Titanic

— Hé, waiter? Je... hic... je t'ai demandé de la glace, pas une banquise!

En pleine mer

À 3 h du matin, le jeune matelot va réveiller le capitaine:

— Notre SS Urtibise, c'est un bateau ou un sous-marin?

— Un bateau.

— Alors, faites vite: on coule!

Pas gênée...

Le médecin avait demandé à madame de lui apporter un échantillon d'urine. Or, elle se présente, un après-midi, avec une assiette à tarte en tôle remplie jusqu'au bord. Inutile de dire que, dans la salle d'attente, les gens contiennent mal leur rire. Puis, s'amène l'infirmière qui aperçoit cela:

— Pauvre madame! J'espère que vous n'êtes pas venue à pied avec ça dans la rue?

— Mais non, mais non. Rassurez-vous, j'ai pris l'autobus!

Cruel!

Trois hommes sont en train de se noyer et ils crient «Au Secours» à un paysan qui se promène sur la rive. Ce dernier leur demande ce qu'ils font dans la vie:

— Moi, je suis menuisier.
— Fais la planche!
— Moi, je suis électricien.
— Suis le courant!
— Moi, je suis pharmacien.
— Prend ta pilule!

Belle réception...

Un «quêteux» frappe à la porte d'une riche résidence de Westmount et fait: «Madame, je suis très pauvre. Vous n'auriez pas quelque chose dont votre mari ne se sert plus mais dont je pourrais, moi, me servir?»

— Certainement, monsieur. Suivez-moi.

Et la dame conduit le «quêteux» dans le lit conjugal...

Chez le psychiatre

— Votre cas est simple, mon ami. Dites-vous «je suis guéri, je suis guéri» et vous serez guéri.

— Je suis guéri, je suis guéri.

— Vous voyez? Vous l'êtes déjà. Maintenant, veuillez me payer mes honoraires.

— C'est simple, docteur. Dites-vous «je suis payé, je suis payé»...

Une plate

— Qu'est-ce qu'un oiseau migrateur?

— Moi, je le sais! C'est un oiseau qui ne se gratte que d'un seul côté...

Entre nous

Jean-Pierre Masson (qui est généreux, soit dit en passant) adore entretenir son image de Séraphin. C'est-à-dire d'avare. Cela l'amuse. Ainsi, il n'hésitera pas à dire devant tout le monde: «On me reproche bien des choses, mais on ne me reprochera jamais de ne pas être un bon catholique. Il n'y a pas un dimanche matin où je ne m'agenouille pas devant la télévision pour regarder la messe, les mains jointes. Il n'y a rien qu'un petit bout où je ferme l'appareil: c'est quand ils passent la quête!»

Ça change

La femme de Réjean Houle (qui, depuis le début de sa carrière, a dû se faire faire plus de 400 points de suture au visage): "C'est pâmant, être la femme d'un tel joueur de hockey. Chaque fois qu'il entre dans ma chambre, le soir, il a l'air d'un autre homme!..."

Lu dans un bar:

«Nous ne servons pas les femmes; vous devez apporter la vôtre.»

On se démerde!

Sam et Max, deux associés dans une entreprise de construction, bénéficiaient tous les deux des faveurs particulières de Caroline, leur secrétaire commune. Soudain, Caroline se trouva enceinte et Sam crut bon de s'enfuir à Calgary. Mais au bout de sept mois et demi, il reçut de Max le télégramme suivant: «Félicitations et reviens vite. Caroline a eu des jumeaux et le mien est mort!»

Lettre au doc:

«J'ai le plaisir de vous annoncer que mon mari va beaucoup mieux, depuis que vous lui avez prescrit de la courtisane...».

Dans un party

— Aimes-tu ça une femme qui se lave pas et qui sacre?

— Non.

— Eh bien, lâche ma femme!

Pierre Bourgault:

— Saurais-tu quoi faire, au cas où un Anglais serait en train de se noyer?

— Non, monsieur Bourgault.

— Parfait.

**En voulez-vous
deux plates?**

Le lecteur Christian Lemay me prévient: «Elles sont plates. Mais, comme je ne sais qu'en faire, je vous les offre. Vous pourrez toujours les jeter au panier.»

— Paraît que tu as enterré ton mari hier?

— Fallait bien: il était mort depuis quatre jours.

— (Le juge) Comment avez vous pu commettre un crime aussi bas?

— Je me suis penché.

**Un cas
d'épouvante**

La femme en avait plein le dos de voir rentrer son mari ivre, aux petites heures du matin. Un soir, elle a décidé de lui faire peur. Elle s'est couverte d'un grand

drap et lorsque son mari est rentré, ivre comme d'habitude, elle a fait:

— Je suis le diable... je suis le diable...
— T'es qui?
— Je suis le diable... je suis le diable...
— Salut, beau-frère, j'ai marié ta soeur!

Pas gentil
pour maman

Le garçon entre chez lui en vitesse, un soir, et fait:
— Papa? Passe-moi ta lampe de poche, que j'aille
voir ma blonde dans le bois.
— Lampe de poche, lampe de poche... Fais donc
comme moi quand j'allais voir ta mère: j'y allais à la
noiceur.
— Oui, mais t'as vu ce que t'as ramassé, aussi!

Lapsus?

Ephrem a perdu les deux bras, dans un accident,
et la cause passe devant le tribunal. Il se sait responsa-
ble de l'accident, ce qui le rend nerveux. D'autant plus
que ses bras coupés lui donnent un terrible complexe.
Alors, le juge s'assoit, regarde Ephrem et lance:
— Témoignons!
(Ephrem a mal pris cela...)

Assez, c'est assez

Un soir, Victor est victime d'un accident de la route.
On le transporte à l'hôpital. Il est inconscient. Le lendemain matin, on le réveille et il s'aperçoit qu'on lui a
coupé les deux jambes. Alors, en beau maudit, il fait
venir le médecin:
—Je veux m'en aller, et tout de suite, docteur!
— Bon, d'accord...

— Et je veux vous dire une chose: vous n'êtes pas près de me voir remettre les pieds ici!

Pas gentil

— Salut, Rolland. Tu sais pas quoi?

— Non.

— Ma belle-mère est morte, hier. Elle a fait une chute, dans l'escalier du 3ᵉ étage.

— Tu n'as pas essayé de l'amener à l'hôpital avant qu'elle meure?

— Tu me connais: j'suis pas capable de forcer, quand je suis pâmé de rire!

Méchant

— Chérie, je m'en vais au garage acheter des pneus.

— Des pneus? T'as même pas d'auto.

— Pis toi? Tu t'achètes bien des soutiens-gorge?

Chance ratée!

Sur une route de l'Amérique du Sud, un gang de bandits attaque un autobus rempli de touristes québécois. «Nous allons, annonce le chef, fouiller les femmes et violer les hommes... euh, pardon: fouiller les hommes et violer les femmes!»

Alors, on entend un petit jeune homme qui fait: «Zut de zut!»

P.P. pas fou

Un jour, lors d'une expédition dans le grand Nord, Guy Pagé réussit à convaincre Pierre Péladeau d'aller à la chasse à l'ours.

—D'accord, je vais y aller, fit M. Péladeau. Mais je te préviens: si jamais tu es désarmé par un ours et que tu te mets à te battre avec lui, et que tu regardes autour de toi et que tu ne vois personne, ce sera moi!

Hum!

La femme, au chauffeur de taxi: Je trouve que vous allez pas mal vite. Vous pourriez pas faire attention, non? J'ai douze enfants, moi, monsieur...

Le chauffeur de taxi: Pis c'est à moi que vous dites de faire attention?

Dans l'armée

Le sergent, à ses hommes:

«Mais regardez-vous! Vos cheveux sont longs, vos cravates tout de travers, vos pantalons frippés, vos souliers pas cirés... Vous auriez l'air fin, si une guerre éclatait!»

Un gars heureux

Le tout nouveau gardien de plage:

— Mon Dieu que les gens sont accueillants, ici. J'ai commencé à 9h, ce matin, et c'est déjà le troisième baigneur qui, de loin, me fait des grands bonjours avec sa main!

Ouais!

Dans un restaurant:

— C'est vous, le propriétaire?

— Oui.

— Est-ce qu'on y mange bien?

— J'comprends! Rien que l'an passé, j'ai mangé 20 000$.

Les sports

Un gars un peu chautasse se promène sur les plaines d'Abraham, lorsqu'il aperçoit, dans le gazon, un jeune homme en train de faire des push-ups:

— Arrête ça, l'fou. Ta blonde est même plus là!

Question

Combien faut-il de fonctionnaires pour remplacer une ampoule électrique? Réponse: 5. Un pour tenir l'ampoule et quatre pour tenir l'escabeau.

Entendu:

• «Elle a tellement un gros buste que c'est pas un buste, c'est un autobuste.»

• «Ma femme a un appétit d'oiseau. Elle mange comme un vautour!»

• «Ma sœur est caissière et elle passe son temps à vérifier si son système d'alarme fonctionne bien. Dommage pour elle: elle a toujours l'alarme à l'œil!...»

À bord

Un aéroplane tourne au-dessus de l'aéroport depuis un bon bout de temps, attendant le signal d'atterrir. Alors, nerveuse, une passagère demande à l'hôtesse:

— Est-ce qu'on pourrait manquer d'essence?

— En tout cas, on n'en manquerait pas longtemps!

Entre nous...

Mon cousin Jean-Jules était à afficher toutes sortes d'avis sur les murs de sa maison: «Attention à votre portefeuille», «Méfiez-vous des pickpockets», «Surveillez votre sac à main...»

Soudain arrive Marie-Louise, la femme de Jean-Jules: «Tu vas m'enlever tout ça, okay? Et tout de suite! Est-ce que je fais ça, moi, quand c'est ta famille à toi qui vient veiller?»

Pensée

«Quand l'envie de travailler te prend, assieds-toi et attend qu'elle passe...»

Devinettes

— Qui a inventé le mambo?
— Mam-Beauchamps!
— Quel est le meilleur vendeur du monde?
— Celui qui convainc le pape d'acheter un lit double!

Le petit rat, à la souris:

Où es-tu, petite souris?
— Je suis cachée.
— Où es-tu, petite souris? J'aimerais te voir.
— Je suis cachée.
— Où es-tu, petite souris? J'aimerais te faire l'amour.
— Je suis cachée derrière le frigidaire!

Hum!

Leur quatrième bébé vient au monde sans oreilles. Il n'est pas beau et les parents ont bien de la peine. Alors, le gaffeur de la famille demande au père:
— Lui avez-vous fait examiner la vue?
— Oui. Elle est parfaite: 20 sur 20.
— Tant mieux.
— Pourquoi?
— Il ne pourra jamais porter de lunettes, cet enfant-là!

Propos couleur

Le comédien Normand Brathwaite, le balayeur et homme à tout faire de «Chez Denise», raconte l'histoire d'un Noir qui entre dans un restaurant, s'assoit et dit à la serveuse:

— Ham and egg.

— Je le sais que t'es un Nègre. Maintenant, dis-moi ce que tu veux manger!

Scusez-la

— Vite, monsieur l'agent, faites quelque chose: un fou dangereux vient de s'échapper de l'asile.

— Comment est-il?

— Chauve et décoifffé.

— Comment peut-il être chauve et décoiffé?

— Je vous l'ai dit: il est fou!

Lu

Arrivée à New York pour y passer une semaine, Gina Lollobrigida fut vite engagée comme «l'invitée mystère» d'une émission de télévision. Lorsque le modérateur, voulant donner un indice au panel, a dit: «*Our guest is from Italy. Just arrived in New York*», le paneliste et comique Victor Borge a répondu: «Il n'y a que deux beaux trucs qui nous sont venus d'Italie, cette semaine, et Lollobrigida les a tous les deux!»

Vous connaissez Sœur Marie-Louise?

Fred «Ted» Day, un lecteur de Charlesbourg, raconte l'histoire de Sœur Marie-Louise qui avait la mauvaise habitude de toujours dire «maudit». La Mère supérieure demande alors aux autres religieuses du couvent: «Dès que vous entendez Sœur Marie-Louise dire maudit, mettez-vous toutes debout. Cela lui fera honte.»

Or, un jour, Sœur Marie-Louise baisse son journal et annonce: «Vous avez lu cela? Les employés de la Baie James réclament des filles de joie. Si c'est pas maudit!...» Oups! toutes les religieuses se lèvent d'un coup. Alors, Sœur Marie-Louise leur fait: «Pas si vite, les filles. L'avion ne part pas avant vendredi prochain!»

Urgence à domicile

Le docteur Michel Petit me raconte l'histoire d'un patient qui se présente à la salle d'urgence avec les deux oreilles brûlées.

— Comment cela vous est-il arrivé?

— J'étais en train de repasser mon pantalon et j'étais très distrait. Quand le téléphone a sonné, j'ai répondu avec le fer à repasser...

— Et l'autre oreille, comment c'est arrivé

— Ça, c'est quand j'ai voulu appeler l'ambulance!

Honte!

— Est-ce qu'il y a un de vos patients qui s'est échappé, hier?

— Non, monsieur.

— Vous êtes sûr?

— Mais oui. Pourquoi?

— C'est parce qu'il y a un gars qui a violé ma femme, hier soir.

La manière de l'écrire...

Une jeune maman pas très instruite reçoit son premier chèque d'allocation familiale. Vite, elle s'amène à la banque:

— C'est pour changer, s'il vous plaît.

— Vous ne l'avez pas endossé, madame.

— Endosser? C'est quoi, ça?

— Signez-le, en arrière. Comme vous faites, à la fin d'une lettre.

— Ah?

Alors, la petite dame, s'appliquant, écrit: «Ta petite pitoune qui t'adore.»

S.O.S.

Un couple de touristes québécois s'amène sur une plage africaine déserte et aperçoit un garçon en train de pêcher du haut d'un rocher:

— Alors, petit? Est-ce qu'il y a des requins, là-dedans?

— Aucun, monsieur

Alors, les deux touristes plongent à l'eau et s'amusent. Soudain, après une quinzaine de minutes, le mari veut en avoir le cœur net et crie au bambin:

— Tu es sûr, n'est-ce pas, qu'il n'y a pas de requins?

— Évidemment, que je suis sûr. Vous ne saviez pas que les requins avaient peur des crocodiles?

Pas ça?

Un homme ne mesurant que 5 pieds décide d'aller consulter un psychiatre afin de se faire rassurer, de se faire convaincre qu'il est un homme normal. Alors, il entre dans le cabinet du médecin et celui-ci l'accueille ainsi:

— Qu'est-ce que je peux faire pour toi, mon ti-boutte?

Complexe disparu

— Docteur, je vous félicite.

— Merci.

— Vous avez restauré en moi la confiance. Je n'ai plus de complexe, je ne suis plus timide, je n'ai plus peur de rien.

— Bravo.

— Haut les mains, docteur! C'est un hold-up!

LES
«UN PEU PLUS»
LONGUES

À propos de chien et de perron...

Raymond est assis sur son perron lorsque, soudain, il aperçoit un cortège funèbre qui vient.

Précédant le corbillard: un homme à la mine réjouie qui tient en laisse un très gros chien Doberman. Derrière le corbillard: une vingtaine d'autres hommes, l'air grave, le pas lourd, les yeux fixés au sol, qui suivent à la queue-leu-leu.

Intrigué, Raymond quitte son perron et se rend voir le gars en avant du corbillard:

— Qu'est-ce qui se passe?

— Ben quoi? C'est un enterrement. J'enterre ma belle-mère.

— Oui, mais le chien...

— Ah ça? C'est mon chien. C'est lui qui a dévoré ma belle-mère.

— Qui l'a quoi?

— Dévorée...

Alors, Raymond, un peu mal à l'aise, demande timidement au gars en avant du corbillard:

— Dis donc, vieux... euh... tu pourrais pas me prêter ton chien pour une semaine?

— Pas de problème; moi, je veux bien. Mais fais comme les autres, en arrière du corbillard: mets-toi en ligne...

Voici la solution!

Vigneault chante que son pays, c'est l'hiver... et des tas de gens, à sa suite, se plaignent que la longueur de notre soi-disant saison morte a quelque chose de désagréable. Remarquez que Vigneault, lui, n'a jamais dit: «désagréable»; c'est là un mot qui ne cadre pas dans le langage d'un poète de sa stature.

Il reste que les six millions de Québécois (René Lévesque les a comptés) ne sont pas tous des Vigneault. Ne sont pas tous des poètes. Et c'est normal. Souvenez-vous de la sœur de Verlaine: elle était putain... Et ne venez pas me dire qu'elle ne l'était pas, je connais mes classiques même Verlaine a couché avec!

Toujours est-il que les six millions de Québécois qui ne sont pas des poètes — et qui même, parfois, sont des Anglais (vous voyez jusqu'où ça peut aller, le monde ordinaire?) — ont des façons beaucoup plus prosaïques de qualifier l'hiver. Par exemple, ils diront des choses comme: «C'est dans l'dur», «Pas pour rien que les moineaux s'en vont», «C'est une connerie, l'hiver; qui c'est qui a inventé ça que je le batte?», «Pays tempéré mon œil. On a l'été où tu crèves et l'hiver où tu gèles», «Jacques Cartier aurait pas pu aboutir ailleurs qu'ici».

Il y en a même qui sacrent, en parlant de l'hiver. Demandez à Michel Chartrand.

Enfin bref, on trouve que cette saison-là est trop longue, qu'elle n'a plus de fin. Il y a toutefois un lecteur qui a trouvé la solution idéale:

— Tu veux que l'hiver passe vite? Facile. Même pas besoin d'aller en Floride... Moi, c'est ce que je fais depuis quatre ans et ça marche.

— Qu'est-ce que tu fais?

— Quand je vois l'hiver arriver, je m'embarque sur la finance. Et je te jure que les mois viennent vite!

Les affaires sont les affaires!

Voyageur de commerce nouvellement engagé, Jos Gravel écrit son premier rapport au siège social de Montréal:

«Chair géran dé vantes. J'ai visiter le magasin de Détroi qui nachetais jamais de nous auttes, et je leux ai vendue pour 50,000 piasses de marchendize. Je man va mentenan à Chicagow.»

Sursaut du gérant des ventes. Quel illettré avons-nous donc engagé! Alors qu'il s'apprête à écrire à Gravel une lettre de congédiement, il reçoit de lui cet autre mot:

«Je sus arriver icitte pi je leur est vendus pour un demi milion. Je man va mentenan à Niou-Yorkke.»

Autre étonnement du gérant des ventes qui, avant de congédier Jos Gravel, décide de soumettre le problème au président de la compagnie. Le lendemain matin, au babillard du siège social, on voit, affichées, les deux lettres de Gravel, ainsi que ce mémo du président:

«On a pardu tro de temps à essayé d'épelai o lieu de vandre Que chacun lize lé lettr de Gravel, qui fais un eccellan travaille su la routte. Vou devriai sortire, toutes vous autt, pi fére comme luit!»

Une petite série...

Je ne peux vous jurer que les courtes histoires qui suivent sont neuves, mais je vous les livre comme elles m'ont été soufflées à l'oreille. Si vous les connaissez déjà, ne les lisez pas. C'est-à-dire que... Enfin!

• Un missionnaire débarque dans une petite île.
— Bonjour, monsieur, lui dit un enfant sur le quai.
— Appelle-moi mon Père...
— Sans blague? C'est maman qui va être contente. Elle disait que vous ne reviendriez jamais!

• Le vieux peintre, aux amis qui attendent le moment de passer à table: «Excusez ma femme, elle est en train de se refaire une laideur...»

• Le chômeur, à un directeur du personnel:
— Je cherche du travail. J'ai une femme et treize enfants.
— À part ça, qu'est-ce que vous savez faire?

• Vous permettez que je vous en glisse une petite grivoise? Une fois n'est pas coutume. Elle est cataloguée «pour adultes seulement», comme au cinéma cochon. Les enfants sont donc priés de fermer les yeux. La scène se passe à l'hôpital, l'infirmière sort de la salle d'opération et se dirige vers un homme un peu ivre:
— Monsieur, votre femme vient de mettre au monde des jumeaux.
— Des jumeaux? Bah, ça ne m'étonne pas, garde, je suis «bâti» en tuyau de poêle.
— Ah oui? Eh bien, vous devriez faire ramoner votre tuyau, parce que les deux bébés sont noirs!

• Un homme fête son 25ᵉ anniversaire de mariage et les copains, au bureau, le félicitent. «Ne me félicitez pas, fait-il. Si je l'avais tuée au bout de 5 ans de mariage, j'aurais écopé de 20 ans et, aujour-d'hui, je serais libre...»

• Par le trou de la serrure, un petit bonhomme regarde ses parents conjuguer avec passion le verbe aimer. «Quand je pense, fait-il, que moi, je mange une claque si je me mets le doigt dans le nez!»

• Jean-Jules Maheux vient d'être victime d'un accident de la route. Mais oui! Sa voiture a dérapé, sur un pavé glissant, et est allée percuter contre des pilotis d'un édifice en construction. Bang! On a transporté l'auto à la cour de ferraille et Jean-Jules à l'hôpital...

En apprenant la nouvelle, inutile de dire que Marie-Louise est vite accourue à l'hôpital afin de s'informer, auprès du médecin, de l'état de son mari.

— Je suis madame Maheux, docteur. La femme de Jean-Jules Maheux, l'accidenté.

— Votre mari est sérieusement blessé, madame. Il ne faudrait pas que ses amis viennent le déranger.

— Maheux dire.

— Vous voulez connaître son état? D'abord, il a la cage thoracique défoncée.

— La quoi?

— La cage thoracique.

— Ah bon.

— Et le péritoine perforé.

— Hé?

— Le péritoine perforé.

— Kossé ça?

— Des conclusions internes. En somme, il a besoin de longs traitements s'il ne veut pas mourir hydropique.

— Pardon?

— Hydropique, madame.

— Ah bon. Est-ce que je peux lui révéler son état?

— Bien sûr. C'est d'ailleurs préférable.

— D'accord je vais aller lui parler tout de suite, docteur. Mais juste avant, voulez-vous me répéter encore une fois ce qu'il a? Je voudrais être sûre de ne pas me tromper.

— La cage thoracique défoncée, le péritoine perforé, des contusions internes. Et il a besoin de faire très attention sans quoi il pourrait mourir hydropique.

— Merci mille fois, docteur.

Alors, Marie-Louise s'est empressée de se rendre à la chambre de son mari, où elle se mit en frais de le mettre au courant de son état:

— Faut pas t'en faire, mon Jean-Jules. Je viens de parler au médecin et il va t'arranger tout ça.

— Est-ce qu'il t'a dit ce que j'avais?

— Oui. T'as la cage automatique défoncée, le Père Antoine perforé, des conclusions d'interné, pis t'as besoin de faire très attention, sans quoi tu vas mourir aux Tropiques!

Le Français s'est «tanné»!

Il y a une quinzaine, je m'arrête à une station-service, histoire de faire changer l'huile du moteur. Je suis avec Gaston Berbrech, qui est de passage au Canada, un Français qui habite Saint-Jacut-de-la-Mer, une petite station balnéaire des Côtes-du-Nord (à peine 1 000 habitants). Tout en faisant son travail, le préposé dit à Gaston.

— Je vous écoute parler, monsieur. J'aime ça, votre accent. Vous êtes Français, il n'y a pas d'erreur. D'où venez-vous?

— Saint Jacut-de-la-Mer.

— Pardon?

— Saint-Jacut-de-la-Mer, vous pouvez pas connaître.

88

— Où?

— Saint-Jacut-de-la-Mer.

— Saint quoi?

— Jacut-de-la-Mer.

— Ja quoi? Ja cu?

— Bon, merde, je viens de Paris, voilà, fait mon Français qui n'en peut plus.

— (Mon garagiste, s'esclaffant) Ah bon! Je savais bien que vous étiez de Paris, voyons donc. Ça paraît. Les Français ont toujours aimé ça jouer des tours. Je l'ai tout de suite senti, que vous vouliez me faire marcher, avec votre histoire de cul!

Les cancres

Dans une classe de secondaire II de la Rive-Sud (moyenne d'âge de 13 ans et demi), le prof a voulu se rendre compte si ses élèves avaient bien retenu les proverbes qu'il leur avait enseignés. Il leur a alors cité les premiers mots de différents proverbes en leur demandant de les compléter par écrit. Voici quelques résultats étonnants:

La prudence est... la mère de la paresse. On ne prête... qu'aux chiches. Mieux vaut tard... que trop tôt. L'occasion... fait le baron. Le chat est parti... les fourmis dansent. Aux grands maux... les grands sont raides. A beau mentir... qui vient de Rouyn. À chaque jour... suffit sa reine. Après la pluie... il fait soleil. L'argent n'a pas... de valeur. De deux maux... il faut choisir le bon. Dis-moi qui tu hantes... je te dirai ce que tu veux. L'habit ne fait pas... on va le reporter. Il n'y a pas de fumée... dans les autobus. La nuit porte... à dormir. Qui aime bien... pâtit bien. Qui trop embrasse... a mal aux seins (*sic*). Le soleil luit... surtout l'été. Le vin est tiré... il faut s'asseoir.

Entendu à une «ligne ouverte»

— Allô?

— Oui, madame.

— Félicitations pour votre programme.

— (...)

— Allô?

— Oui, madame, parlez. Exprimez-vous.

— Félicitations pour votre programme.

— (...)

— Allô?

— Parlez, madame, nous vous écoutons.

— Bon... Je tiendrais d'abord à vous féliciter pour votre programme...

— (...)

— Allô?

— Nous vous écoutons, madame.

— Bon. C'est à propos du sujet du jour. J'appelle pour ça. J'aimerais donner mon opinion.

— Oui, madame.

— Je m'excuse, mais ça avait sonné à la porte; qu'est-ce que c'est, votre sujet du jour?

— Mince! (CLIC!)

L'humour de Roger Baulu

Dans une chronique folichonne, je disais que telle chose était si vieille qu'elle me rappelait les «guerres des Croisades» du Moyen-Âge, «alors que Roger Baulu était chef des armées». Or, mon propos n'a pas échappé à l'intéressé.

Humoriste, Roger Baulu m'a tout de suite adressé la lettre que voici et que je reproduis in extenso:

«Mon cher Rufi,

«Vous avez écrit méchamment, dans votre chronique de dimanche dernier, que j'étais, au Moyen-Âge, commandant en chef des armées. C'est faux!

90

Je proteste de toutes mes énergies. Je n'étais que simple troupier sous les ordres de saint Louis devant Carthage, lorsque nous allâmes, pour la 8ᵉ fois, chercher à délivrer le tombeau du Christ.

«Votre ignorance des faits se comprend parfaitement, le chroniqueur Joinville n'en ayant jamais soufflé mot.

«Cependant, à vous que rien n'échappe, je demande comment il se fait que, quelques années plus tard, une centurie de mon ami Nostradamus avait prédit ma présence au Québec 400 ans plus tard et que cela vous soit inconnu. Je vous la cite de mémoire, pour rétablir les faits:

«Apparaîtra vers le Septentrion,
Non loin de Cancer l'étoile chevelue,
Pour lors sous autre pavillon,
Renaissance qui sera bolu...

«Pour votre gouverne, mon cher Rufi, l'étoile chevelue, c'est la comète de Halley, apparue l'année où je suis censé être venu au monde. Pour résumer, vous aviez raison pour ce qui est du Moyen-Âge, j'y étais. Mais je dois, par modestie, affirmer ici que je n'étais nullement commandant en chef des armées.

«En toute amitié,
Roger Baulu

«P.S.: Nostradamus a écrit mon nom bolu. Excusable. Il n'a jamais su l'orthographe».

L'honnêteté des uns...

Entendu une bonne, l'autre jour, à Saint-Jérôme.

Lucien allait mourir. Alors, il fait venir son avocat, son curé et son député et il remet à chacun 30 000$ en leur disant: «Je veux savoir lequel de vous est le plus honnête. Lorsque je serai mort, vous viendrez au salon et, juste avant qu'on referme le cercueil, vous y glisserez ces 30 000$. Du haut du ciel, je vous regarderai agir...»

Alors, Lucien meurt et, juste avant que l'on referme le cercueil, les trois hommes se présentent. Le curé sort 15 000$ de sa poche, les dépose à côté du mort et il dit: «Excuse-moi, Lucien, mais, tu sais, j'ai des œuvres à faire vivre. Tu ne m'en veux pas trop?»

Au tour du député qui dépose lui aussi 15 000$. «Les dernières élections m'ont coûté cher, j'ai des dettes à rembourser au nom de mon parti qui était aussi le tien. Je suis certain que tu comprendras, Lucien.»

Puis, s'approche l'avocat: «Mon cher Lucien, moi je garde rien, je te rembourse tout. Tiens, voici mon chèque de 30 000$.»

On a droit de changer d'idée...

Jake LaMotta en raconte une savoureuse, dans *The life of the party*.

Il s'agit d'un p'tit gars de Brooklyn qui décide de devenir boxeur professionnel. Sa mère est furieuse! Pendant des années, elle ne cessera de le supplier de renoncer à cette carrière, même le soir où il remporte le championnat du monde mi-moyens.

— Maintenant que tu es champion et que tu as atteint ton but, abandonne, pour l'amour du ciel! Abandonne immédiatement! Promets-moi, chéri, que tu ne te battras plus jamais...

— Mais tu ne comprends pas, maman. En devenant champion, je viens de frapper l'huile, les grosses bourses, grâce à la télévision, les écrans géants et tout ça. Tu sais combien mes prochains combats me rapporteront? Environ un demi-million chacun.

— Combien?

— Un demi-million.

— Alors, promets-moi au moins une chose, chéri. Promets-moi formellement que tu accrocheras tes gants dans tout au plus neuf ou dix ans!

C'est le «mais» qui est important...

Lorsque, dans une assemblée (ou aux lignes ouvertes), quelqu'un veut dire du mal d'un autre ou d'un groupe, il commence généralement son intervention en disant: «Je n'ai rien contre YXZ, mais...».

Et alors suivent les injures!

Je n'ai rien contre les Haïtiens, mais...» «Je n'ai rien contre René Lévesque, mais...» «Je n'ai rien contre les Anglais, mais...» «Je n'ai rien contre les pompiers, mais...» «Je n'ai rien contre les Italiens mais...» «Je n'ai rien contre les cols bleus, mais...»

Avez-vous remarqué?

Il y a aussi, chez certaines gens, des façons un peu plus subtiles de coiffer le paquet de bêtises qu'ils veulent envoyer. Exemples:

«D'abord, je dois dire que j'ai un grand respect pour les Indiens. Mais...»

«Je le dis tout de suite! Claude Ryan est un grand monsieur. Mais...»

«Il ne faudrait surtout pas que vous pensiez que je n'aime pas la jeunesse d'aujourd'hui. Que non! Je l'adore, au contraire. Mais...»

«Soyons clairs, il y a de la place pour tout le monde au soleil. Donc, j'encourage l'immigration. Mais...»

«Je ne voudrais pas avoir l'air de dire du mal du clergé, mais...»

«Il ne faut pas croire que tous les assistés sociaux sont des paresseux — ah non! —, mais...»

«Yvon Deschamps a droit à ses opinions comme tout le monde, mais...»

«Je ne suis pas d'accord avec les gens qui condamnent les Floralies, mais...»

Et j'en passe. Amusant, non? On veut passer son message de hargne, et même de haine, mais en jouant d'abord les saintes nitouches! «Moi, je ne ferais pas cela, mais... je vais le faire quand même!» Le mot «mais» est une conjonction à la mode. Très à la mode. Qui n'annonce généralement, dans ce genre d'utilisation, rien de très positif.

La preuve était là...

Dans le grand bureau du patron de Shell Canada, à Montréal, la secrétaire entre:

— Monsieur, nous venons de recevoir une lettre du directeur général de nos opérations de forage dans le Sahara. Nos hommes se plaignent qu'ils manquent d'eau. Que les rations que nous leur faisons parvenir sont nettement insuffisantes.

— Bah! Ils se plaignent toujours.

— Notre directeur général au Sahara précise que nos hommes pourraient mourir. Non seulement manquent-ils d'eau, mais la situation est à ce point dramatique — et ils sont tant assoiffés — qu'ils n'ont même plus de salive.

— Vous répondrez au directeur général qu'il exagère comme d'habitude. Plus de salive? Voyons donc!

— Je pense que, cette fois, il n'exagère pas, monsieur...

— Qu'est-ce qui vous fait penser cela?

— Il a épinglé le timbre de sa lettre à l'aide d'un trombone!

Le mauvais cadeau

En novembre dernier, après avoir observé de visu les horribles conditions de vie des chasseurs esquimaux de la région de Shinawitku, dans le grand nord, le premier ministre René Lévesque a décidé de leur faire un cadeau. Il leur a fait parvenir cent motoneiges flambant neuves, avec les compliments du gouvernement du Québec...

Trois mois passèrent, puis René, inquiet de ne pas avoir reçu de nouvelles de Shinawitku, téléphona au grand chef des chasseurs de la région:

— Ici René Lévesque. Avez-vous reçu mes cent motoneiges?

— Oui, oui.

— Pis?

— Sont belles, sont confortables, mais c'est pas pratique pour la chasse.

— Pourquoi?

— Il n'y a pas un maudit chien esquimau qui est capable de tirer ça!

Rire à mourir!

Rue Saint-Denis, à Montréal, près Roy. Un automobiliste vient de se stationner, il sort de voiture, éternue et l'on voit son dentier lui sortir de la bouche et aller rouler en plein milieu de la rue. Marrant, non? Nous sommes trois témoins de la scène — un vieux monsieur, une jeune fille et moi. Inutile de vous dire nos éclats de rire.

Or, il y a plein de circulation qui roule dans les deux sens. Que fera l'automobiliste? Risquer sa vie pour aller sauver son dentier? Non, heureusement, il se retient. Mais le voici penché, l'air extrêmement inquiet et les sueurs au front, qui surveille ses dents, au-dessus desquelles passent les véhicules.

La scène est burlesque, les trois témoins sont étouffés... «Il n'a pas une chance sur mille!» lance la jeune fille. «Pas une sur un million!» renchérit le vieux monsieur... Pendant ce temps, la circulation continue de filer son chemin: des tas de voitures, deux camions et même un autobus! Qui donc écrasera le dentier de l'automobiliste?

«Oups! celui-là a failli!» dis-je... «L'autre va l'avoir!» fait la jeune fille, les larmes aux yeux... «Ça s'peut pas qu'il s'en sauve!» ajoute le vieux monsieur dans un fou rire qui aurait pu entraîner sa mort par apoplexie.

Et il y a toujours là l'automobiliste — toujours penché — qui sue de plus en plus à grosses gouttes... On dirait un film de Laurel & Hardy, de Charlot ou de Abbott & Costello... Soudain, le feu rouge apparaît au coin de rue et (miracle!) les dents du gars sont encore là. La circulation s'arrête un instant, le gars court vers son précieux bien, le ramasse, le regarde et sans se douter qu'on le regarde, il s'exclame: «Intact!»

Rire à mourir, je vous dis! Il faut vraiment être chanceux pour assister à scène pareille une fois dans sa vie... Le plus curieux, c'est qu'il a vite remis le dentier dans sa bouche — sale, pas sale — et qu'il s'en est allé comme si de rien n'était. Embrasser sa blonde? J'espère pour elle que non!

Ils ont le dos large!

Ces pauvres policiers! Circule présentement dans le public la photocopie du test d'admission à la Sûreté du Québec.

Voici quelques-unes des questions que l'on pose aux candidats.

«Votre adresse. Pour répondre, vous avez droit de consulter le bottin téléphonique»... «Vos deux grandeurs: celle debout tout seul et celle à genoux sur un manifestant»... «Vos yeux. Leur nombre, leurs couleurs et dites-nous si ça leur arrive d'avoir froid»... «Années de scolarité. Celles que vous avez doublées comptent comme les autres»...

«Métier convoité. Ambitionnez-vous d'être un beu, un chien ou un chicken?»... «À quoi vous fait penser un meurtre? À un mort ou à vous sauver?»... «Si un manifestant à une tête qui pèse 20 livres et vous donnez dessus trois coups de matraque de 2 livres, combien sa tête pèsera-t-elle ensuite? 14, 7 ou 0?»...

«Que veut dire un feu rouge? Que la lumière était jaune auparavant? Qu'un but vient d'être compté?»... «À un passage à niveau, qu'est-il préférable? S'arrêter ou être dans le train?»... «Que signifie une ligne blanche pointillée? Qu'on peut dépasser ou qu'on a manqué de peinture?»...

«Lorsqu'un hold-up est commis, qui vaut-il mieux appeler? Sa femme, la police ou la pègre?...

Paraît-il que, lors du dernier test, à la question «Lorsqu'on manque d'essence sur une autoroute, qu'y a-t-il de mieux à faire?» un candidat a répondu: «Il est mieux que l'on soit à bicyclette.» Un autre a dit: faut rebrousser chemin tout de suite!»

Les questions du test d'admission à la Sûreté du Québec auraient été préparées, selon le document qui circule présentement dans le public, par l'agent Bon.

Les gars de motel...

Avez-vous remarqué combien il est toujours un peu gênant de louer une chambre dans un motel? Le préposé à l'enregistrement, qui a vu couler bien de l'eau sous le pont Jacques-Cartier, fait tellement d'efforts pour ne pas vous mettre mal à l'aise que, justement... il vous met mal à l'aise.

Ainsi, il ne vous regarde pas dans les yeux, pour que vous sachiez qu'il prétendra toujours qu'il ne vous a jamais vu! Lorsqu'il vous demande de signer votre nom dans le registre (c'est la loi), il le fait avec un air de dire: «Vous savez, vous pouvez signer n'importe quoi, moi je m'en balance». Il ne s'informe pas si vous avez des valises, ça pourrait vous gêner. Et il évite surtout, et soigneusement, de regarder s'il y a une fille dans la voiture, à la porte!

En somme, il vous soupçonne nettement d'être un gars qui vient tromper sa femme...

En août dernier, un samedi, ma femme et moi nous étions attardés dans la région de Ste-Adèle et nous avons décidé, comme il était déjà minuit, de passer la nuit là-bas, dans un motel. Alors, je m'inscris, puis le préposé — visiblement embarrassé — se résigne à me demander: «Vous savez, le samedi soir, on est très achalandé. Vous, est-ce que ce sera pour toute la nuit ou une couple d'heures?»
Vous voyez combien ils sont soupçonneux!

Les pieds dans les plats...

Trop parler nuit, dit-on? Et comment! Un jour, aux États-Unis, le commissaire des autoroutes décide de faire un cadeau de 1 000$ au cent millionième automobiliste qui se présenterait au poste de péage, à l'entrée de la 195 sud. Effectivement, le moment arrive et un policier s'amène à une voiture dans laquelle ont pris place trois passagers: un homme, sa femme et son grand-père.

— Félicitations, monsieur, fait le policier. Vous êtes le cent millionième automobiliste à passer ici. Au nom du commissaire des autoroutes, je vous remets ce cadeau de 1 000$ en argent. Que comptez-vous faire de cette somme?

— Je vais commencer par me payer un permis de conduire, répond l'homme.

— Ne l'écoutez pas, monsieur l'agent, intervient vivement la femme. Mon mari ne sait pas ce qu'il dit quand il est saoul.

— Je le savais! Je le savais! bougonne alors le grand-père qui est sourd comme un pot. Je vous l'avais dit qu'on n'irait pas loin avec une voiture volée!

Faut prier!

Un peu voyeur sur les bords — mais surtout curieux —, un petit garçon de huit ans espionnait un soir sa voisine de 20 ans, qui était dans sa salle de bains. Elle était nue devant son miroir, les yeux levés au ciel, les mains parcourant son corps et se lamentait:

— Bonne sainte Anne, je veux un homme; bonne sainte Anne, je veux un homme...

Le lendemain soir, le petit garçon fut de retour aux aguets. La voisine était encore dans la salle de bains, elle était encore nue devant son miroir, les yeux levés au ciel, les mains parcourant son corps, mais, cette fois, elle disait:

— Bonne sainte Anne, j'ai eu mon homme; bonne sainte Anne, j'ai eu mon homme...

Alors, le petit garçon courut chez lui, s'enferma dans la salle de bains, se déshabilla, se plaça devant le miroir, leva les yeux au ciel, les mains parcourant son corps, et il se lamenta:

— Bonne sainte Anne, je veux un bicycle, bonne sainte Anne, je veux un bicycle...

Arguments frappants

Méo est sagement assis dans un bar, lorsqu'un étranger s'amène, l'attaque, le roue de coups. Méo se relève péniblement et demande des explications à l'étranger qui lui répond:

— Ça, c'est du tae-kwon-do. Pis ça vient de Corée.

Une demi-heure plus tard, l'étranger recommence à rosser Méo, grâce à une série de coups bizarres des jambes et des bras. Voici Méo encore par terre. Et l'étranger fait:

— Ça, c'est du jiu-jitsu. Pis ça vient du Japon.

Alors, Méo, tout amoché, quitte le bar en vitesse, alors que l'étranger y reste. Une demi-heure plus tard, toutefois, Méo revient et assène un coup terrible sur la tête de l'étranger, qui croule par terre. Alors, Méo fait:

— Ça, c'est un marteau. Pis ça vient de chez Pascal!

Les génies en herbe (hum!)

Savez-vous pourquoi les camions de pompiers sont rouges? Élémentaire, mon cher Watson. Assoyez-vous confortablement, restez tranquilles, relaxez, détendez-vous et suivez le cheminement de la pensée du célèbre professeur Rufi. Par le biais de déductions hautement réfléchies, il vous expliquera noir sur blanc pourquoi les camions des pompiers sont rouges. Ça va? Vous êtes prêts? Alors, allons-y...

1) Ces camions ont parfois huit roues, parfois seize. Or, 8 + 16 égalent 24.

2) 24 divisé par 2 = 12

3) 12 pouces valent un pied.

4) Un pied est aussi, c'est connu, un pied de roi.

5) Un roi est marié à une reine et chez nous, en régime britannique, une reine est toujours Anglaise.

6) En anglais, une reine est une queen.

7) Notre reine actuelle s'appelle la Queen Elizabeth.

8) Un célèbre bateau porte le nom de Queen Elizabeth.

9) Un bateau, ça va sur l'eau.

10) Dans l'eau, il y a différentes sortes de poissons.

11) Parmi les poissons les plus recherchés, il y a l'esturgeon.

12) L'esturgeon pond des œufs que l'on utilise pour faire du caviar.

13) Le caviar est le mets préféré des Russes qui ont de l'argent.

14) Les Russes sont des communistes.

15) Les communistes sont des coléreux. Ils ont toujours le feu au derrière.

16) Et le feu, c'est rouge.

Alors, voilà pourquoi, mesdames et messieurs, les camions des pompiers sont rouges!

Dans une taverne...

Un client entre et commande dix petites bouteilles de bière.

— Combien?
— Dix.
— Oui, monsieur.

Alors, il se met à avaler tout cela, sans dire un mot, sans chercher de compagnie. Le client paisible, idéal. Apparemment, il a décidé de se faire un party à lui tout seul. Au bout de deux heures, il appelle le serveur:

— Waiter? Cinq autres.
— Combien?
— Cinq.
— Oui, monsieur.

Notre client continue de consommer. Toujours aussi imperturbable. À peine va-t-il faire pipi de temps à autre. Puis, une autre heure se passe et le voici qui rappelle le serveur:

— Waiter? Une autre petite bouteille.
— Oui, monsieur.

Alors, il avale son blond «breuvage» et... autre signe au serveur:

— Waiter? Juste un verre, cette fois. Un petit verre... C'est drôle, mais, hic! moins j'en prends, plus j'suis paqu'té!

Gag (partisan)

Claude Ryan est allé à la pêche, en Estrie, quand, tout à coup, sa chaloupe frappe une roche et se met à couler. Témoins de l'accident, trois jeunes nageurs viennent au secours de Ryan et parviennent à le sauver de la noyage. En guise de remerciements, l'homme politique offre à chacun un cadeau de son choix.

— Toi, que veux-tu?

— J'aimerais bien avoir 1 000$.

— Je vais te faire un chèque immédiatement. Et toi, le deuxième, qu'est-ce qui te ferait plaisir?

— J'ai toujours rêvé d'avoir une limousine.

— Prends la mienne qui est là; voici les clés. Et toi, le troisième, qu'est-ce que je pourrais t'offrir?

— Un cercueil.

— Un cercueil? Tu as pourtant l'air en parfaite santé.

— Oui, mais je le resterai pas longtemps. Attendez que mon père apprenne que je vous ai sauvé la vie!

(Bien sûr, ce gag, de Louise Raymond, peut être appliqué à n'importe quelle personnalité politique...)

Au Vatican

Un pèlerin s'était rendu voir le pape, lors de la sortie qu'il effectue tous les jours sur son balcon. Mais il n'avait pas réussi à entendre ce que le pape disait, lorsqu'il se faisait aller mains et bras vers les personnes attroupées sur la Place. Il décida donc de se rendre plus tôt, le lendemain, afin d'être au premier rang et de pouvoir saisir les paroles du Saint-Père. Comme de fait, notre pèlerin se rendit tôt, fut au premier rang et entendit très bien le pape qui disait, en se faisant aller mains et bras vers les personnes attroupées:

— Ôtez-vous de sur mon gazon, ôtez-vous de sur mon gazon, ôtez-vous de sur...

Sur la montagne...

L'émotion m'étreint. Waiter, as-tu un kleenex?
On vient de me nommer président du Club des
«jokers» des étudiants en géologie de l'Université de
Montréal. Moi qui ai du mal à faire la différence entre
les fossiles et les faux cils! C'est Sylvain Lacroix, un
aspirant-géologue, qui m'a parrainé. Merci, mon
Sylvain. Depuis le temps que je voulais entrer à l'Université! Dommage que papa soit mort: il aurait été bien
fier...

D'autant plus que les géologues sont des gens brillants. Ainsi, ils peuvent vous parler couramment
de l'étage givétien de la période devonienne à l'ère
primaire ou paléozoïque... Faut l'faire... Quelles
sortes de roches y avait-il, il y a 350 millions d'années? Le géologue vous dira cela sans hésiter...
C'est un genre de conversation qui ne rend pas un
party bien gai, mais que voulez-vous?

À propos, il y a un gag qui circule, à la faculté.
Sylvain me l'a raconté. Permettez que je vous le refile?
Il s'agit de deux géologues qui, en été, sont à faire des
recherches, quelque part en Abitibi. Le soir venu, ils se
réfugient dans leur tente et, soudain, on entend:

— Jérôme, ferme la porte de la tente, c'est plein de
moustiques dehors.
— Tata!
— Comment, tata?
— Penses-tu qu'en fermant la porte de la tente, il
va y avoir moins de moustiques dehors?

Quand je vous disais que c'était des brillants! Le
genre de Brillant de la télévision... vous savez?
Trêve de méchancetés. Au fond, il faut avoir
beaucoup d'admiration pour ces jeunes qui ont choisi
la géologie comme carrière. C'est d'un compliqué!

Alors qu'ils auraient très bien pu choisir l'anatomie. L'anatomie féminine pour les gars, et vice versa pour les filles. Ce n'est pas drôle, être géologue; surtout lorsqu'on fait une demande d'emploi chez Eaton!

Proverbes

«Le jeu n'en vaut pas la bretelle»... «Il y a loin de la coupe aux chèvres»... «De la discussion jaillit la chicane...» «Il ne faut jamais se mettre le doigt entre l'arbre et les bosses»... «La fortune vient en volant»...

«Il faut rendre à Hector ce qui appartient à Hector»... «Il faut battre le père pendant qu'il est chaud»... «Il faut tourner sa langue sept fois avant de déconner»... «Valleyfield ne s'est pas bâtie en un jour»... «L'appétit vient en magasinant»... «Charité bien ordonnée commence par la quête du dimanche»... «Il n'y a pas de fumée sans pompiers»... «Les murs ont des orteils»...

«La nuit porte au sommeil»... «L'occasion fait le juron»... «Oeil pour œil, cent pour cent»... «L'oisiveté est la mère de tous les vice-présidents»... «Petit à petit l'oiseau fait son pipi»... «Qui paye ses dettes s'appauvrit»... «Qui trop embrasse a mal aux reins»... «Qui va à la place perd sa chasse»... «Tous les chemins mènent à Saint-Chrysostôme»... «Tout vient à point à qui sait s'étendre»... «Un de perdu, onze de retrouvés»... «Le soleil luit pour tout le monde à Miami»...

Entrez au couvent!

Dans une congrégation de frères trappistes, le silence total était de rigueur 24 heures par jour et 365 jours par année. Toutefois, la communauté permettait aux frères de prononcer un ou deux mots à tous les dix ans, afin de s'assurer qu'ils n'avaient pas perdu l'usage de la parole. Or, un jour, le frère supérieur fait venir le frère Zénon:

— Frère Zénon, ça fait dix ans que vous êtes ici; vous avez droit aujourd'hui de prononcer un ou deux mots. Quels sont-ils?
— Lits durs.
— Ah, vous trouvez que nos lits sont durs? Bah!, vous vous y habituerez avec le temps. Allez.

Le frère Zénon tourne les talons et, dix ans plus tard, il est reconvoqué chez le frère supérieur.

— Frère Zénon, voilà maintenant vingt ans que vous êtes ici; vous avez donc droit encore une fois à deux mots au maximum. Quels sont-ils?
— Nourriture froide.
— Ah, vous trouvez que notre nourriture est froide? Bah! Vous vous y habituerez avec le temps. Allez.

Le frère Zénon tourne encore une fois les talons et, dix ans plus tard, il est reconvoqué chez le frère supérieur.

— Frère Zénon, vous connaissez maintenant le scénario. Quels seront, cette fois, vos deux mots?
— Je défroque.
— Vous défroquez, frère Zénon?... Que c'est dommage!... Mais remarquez que votre décision ne m'étonne pas du tout. Oh, mais pas du tout... Même que je m'y attendais, puisque ça fait maintenant trente ans, frère Zénon, que vous n'arrêtez pas de vous plaindre!

Quand plombe le soleil...

Il fait un temps splendide, je m'en vais au Journal et, chemin faisant, je m'arrête chercher une p'tite Montclair chez un dépanneur. Je fais: «Belle journée, n'est-ce pas?» Il répond: «Pas moi merci; vous-même?»

J'arrive au Journal, je dis à la téléphoniste: «Vous avez mon courrier?» Elle dit: «Oui, je vous le jure que c'est une belle journée.»

Qu'est-ce qui arrive cet après-midi? S'agit-il de deux adons ou les gens se sont-ils ligués contre moi?

Je tape ma chronique, puis je la tends au secrétaire de la rédaction, Charles Petit-Martinon: «Voici l'œuvre d'art.» Il lève la tête, me regarde par en dessous: «La Place des Arts? Qu'est-ce qu'il y avait, hier soir, à la Place des Arts?»

À moins que ce soit ma diction?

Il est maintenant 4h de l'après-midi, je roule vers chez moi, j'arrête acheter *Time Magazine*, je demande au commis: «Combien en vendez-vous par semaine, de *Time Magazine*?» Réponse: «Oh, ça ne marche plus comme ça marchait, *Paris-Match*.» Décidément!

J'arrive à la maison, je dis bonjour à Suzanne, elle fait:

— Bye.
— Comment, bye? Je ne m'en vais pas, j'arrive!... Les enfants sont là?
— J'ai tout mis ça dans le réchaud. Dès que tu auras faim, ouvre et sers-toi. C'est délicieux.
— Tu as mis les enfants dans le réchaud?
— Je ne peux pas te servir moi-même, car j'ai un rendez-vous à 5h chez la coiffeuse.

Tout le monde aurait-il capoté en même temps?

Les petits monstres...

Le fils de Maurice Petit a passé tout le mois de juillet dans un camp de vacances et, comme il a beaucoup plu, le petit a souvent écrit à son père pour se désennuyer. Et vous devriez voir les lettres! Citons des extraits, au hasard:

«La nourriture est excellente; ils ont sept recettes différentes pour faire des binnes. Quant au pain, il est un peu sec, mais ça ne fait rien: on nous donne de l'eau pour le laisser tremper dedans...

«Nous avons beaucoup de plaisir avec le moniteur de natation. Notre jeu préféré, c'est de se mettre à deux pour essayer de le noyer. Jusqu'ici, nous n'avons pas réussi. Il va falloir se mettre à trois.

«Vu que je t'écris de la main droite et que t'écris souvent, j'ai appris à fumer de la main gauche.

«Le directeur du camp a perdu son petit chien chihuahua et il a mis une petite annonce dans le journal local. Niaiseux, non? Comme si un chihuahua savait lire...

«À la cafétéria, ce sont des filles qui servent aux tables. Il y en a des belles et des pas belles. Les pas belles, on ne leur pince jamais les fesses...»

Des hommes et ses singes...

«L'homme descend du singe», dit-on? Ce doit être une femme qui a inventé cela...

J'arrive du zoo de Granby et je les ai regardés et observés longuement (les singes); or, laissez-moi vous dire que s'ils sont gentils, ils sont par contre diablement laids! Non, je ne marche pas, il faut absolument que nous descendions d'ailleurs: du chat, du serin, de l'ours, qu'importe, mais pas du singe.

Peut-être sommes-nous tout simplement descendus du ciel? Hein? Ce serait flatteur. Répandons la rumeur...

D'ailleurs, cette théorie qui veut que l'homme descende du singe est terriblement boiteuse. Et je vais vous le prouver.

Si, il y a des millénaires, il y avait des singes — mais pas d'hommes — sur la terre... et si ces singes-là se sont graduellement transformés pour finalement devenir les hommes que nous sommes... alors, pourquoi y a-t-il encore des singes sur la terre?

En somme, si les singes s'étaient changés en hommes, il n'y aurait plus de singes, n'est-ce pas? Le bon Dieu, dans sa grande bonté, n'aurait certes pas pu permettre à certains singes de devenir des hommes et obliger les autres singes à rester singes! Cela me paraît clair comme de l'eau de roche, qu'en pensez-vous?

Oh, et puis, tout compte fait, vous pouvez bien en penser ce que vous voulez; je me demande bien, d'ailleurs, pourquoi je me suis embarqué dans une telle galère... Je continue de penser que l'homme ne descend pas du singe, mais disons que je ne veux pas ouvrir un débat sur le sujet... Là-dessus, je dois vous quitter pour un petit moment: c'est le matin, j'ai faim, je vais aller manger mon régime de bananes!

Il l'a eu!

Joseph était paralysé depuis plusieurs années et ne marchait que péniblement, à l'aide de béquilles. Un jour, il se rend à l'Oratoire dans l'espoir d'obtenir un miracle. Après avoir gravi toutes les marches de peine et de misère, il rencontre là-haut un religieux qui lui dit:

— Si vous avez la foi, mon fils, laissez tomber vos béquilles et redescendez ces marches. Un miracle se produira.

Alors, Joseph lâche tout et se lance. Vous auriez dû voir la «fouille» qu'il a prise jusqu'en bas des marches! Le religieux s'approche alors de lui et fait:

— Êtes-vous mort?

— Non.

— Voilà le miracle, mon fils!

Faut savoir le truc!

De passage chez un ami, récemment, le cousin Jean-Jules s'est vu offrir un bon verre de jus d'orange glacé.

— Où achètes-tu tes oranges, Émile? Je n'ai jamais goûté à du jus si délicieux.

— Chez le petit marchand de fruits, là-bas, au coin de la rue.

En rentrant chez lui, Jean-Jules s'est donc arrêté chez le petit marchand de fruits et lui a acheté deux douzaines d'oranges. Mais, lorsqu'il a bu son jus, le goût n'était pas le même que chez Émile. Alors, il lui a téléphoné:

— Même si mes oranges sont les mêmes que les tiennes, mon jus est trois fois moins bon. Je ne comprends pas.

— Ça dépend. Quelle sorte de gin que t'as mis dedans, toi?

Faut pas se gêner!

Il est un règlement qui prévoit une amende de 25$ à quiconque transporte des objets encombrants dans le métro. Mais l'a-t-on déjà appliqué? Je suis sûr que vous avez déjà vu des gens entrer dans un wagon avec des chaises soleil, des lampes, etc. L'an dernier, j'ai vu un homme arriver avec un madrier d'au moins 6 pieds de long, et à l'heure où la circulation-foule était assez dense. Mais je n'avais encore rien vu, croyez-moi...

Récemment, à 16h, à la station Mont-Royal, deux hommes sont entrés dans le wagon avec — devinez quoi — un gros rouleau de tapis qui devait faire dans les 10 pieds de long! Comme si de rien était... «Pousse sur ton boutte, Fred!», «Excusez-moi, madame», «Envoye, Fred, pousse!», «Pardon, monsieur», «On va le déposer là, Fred!», «Je m'excuse de prendre tant de place», «Okay, Fred, ça y est!», «Oups, j'espère que je vous ai pas fait mal, mademoiselle.»

Le cirque, je vous dis! Fred et son copain ont déposé le monstre dans l'allée («Fiou! Pesant, hein?») et, à chaque station vers le nord, les usagers devaient sauter par-dessus le tapis, pour sortir ou pour entrer. Y compris un vieux monsieur que Fred eut tout de même la délicatesse d'aider. On se serait cru au cinéma, devant un vieux film de Laurel et Hardy, de Charlot, ou de Abott et Costello.

Non mais ça s'peut-y? Mais oui, ça s'peut!

Les deux hommes et leur tapis sont finalement sortis à la station Sauvé, au grand soulagement des passagers mais au grand étonnement d'un jeune homme qui allait embarquer en vitesse, tête basse. Pif! dans la face du jeune homme.

— Tu t'es fait mal? lui demandai-je.
— Non, ça va. Mais kossé ça, ces folies-là? répondit-il, en regardant s'éloigner Fred et son copain.

Me faire frapper par un autobus, je comprendrais.
Mais par un tapis? Ça, j'avoue que j'avais pas prévu
ça!

Il? elle?

Le prof Louise Grannary m'en a raconté une
sucrée. Il s'agit d'un directeur d'école secondaire qui
fait venir à son bureau le père de l'un de ses élèves.

— Monsieur, j'ai pour vous une bonne et une
mauvaise nouvelle. Par laquelle voulez-vous que
je commence?
— Par la mauvaise.
— J'ai le regret de vous annoncer que votre fils a
de fortes tendances homosexuelles.
— Mon fils? Ben, voyons donc, ça n'a pas d'allure, vous vous trompez! Je considère que vous
n'avez rien dit et que je n'ai rien entendu. Et maintenant, qu'est-ce que c'est, la bonne nouvelle?
— J'ai le plaisir de vous annoncer que votre fils a
été élu Reine du Carnaval!

La jalousie

Un mari se fait dire que sa femme reçoit un amant,
l'après-midi, lorsqu'il est au travail. Or, il tente de la
surprendre au lit, en rentrant chez lui deux heures plus
tôt que d'habitude. Rien! Pas d'amant! Sa femme est
couchée, mais seule. Furieux contre lui-même, le mari
empoigne alors le réfrigérateur et le lance par une fenêtre. Quelques minutes plus tard, trois hommes compa-
raissent devant saint Pierre, là-haut, qui les interroge
chacun leur tour:

— Toi, le premier: qu'est-ce qui s'est passé? Comment es-tu mort?

— Je marchais bien calmement sur le trottoir quand, tout à coup, j'ai reçu un frigidaire sur la tête.

— Et toi, le deuxième?

— Moi, je me suis suicidé quand j'ai réalisé que j'avais tué un innocent et que j'avais soupçonné ma femme pour rien.

— Et toi, le troisième?

— Moi? J'étais caché dans le frigidaire!

Faut prendre garde aux mots!

En ne changeant qu'une seule lettre d'un mot, quelles grossières erreurs pouvons-nous commettre! Bien sûr, il s'agit d'erreurs typographiques mais, lorsqu'elles sont commises — et bien involontairement —, c'est l'éclat de rire qui s'ensuit. Ainsi, mon ami Yvon Cartier m'en fournit quelques exemples (à lire avec attention):

Saint François vivait dans l'humidité

La Reine a dévoré le héros...

Il a rendu son dernier souper dans les bras de sa femme...

Les deux boxeurs puaient à grosses gouttes...

Comme tout le monde le sait, les premiers hommes habitaient dans des tavernes...

Le roi Hussein s'est alors amené avec sa cuite habituelle...

Je vous offre, madame, mes dommages respectueux...

Tout un ministre, ce monsieur! On n'a pas à redire ses extraordinaires rapacités...

Courrier du cœur

«Chère Solange, félicitations pour votre chronique. Vous êtes mon parfum, mon baume matinal. Et je souhaite que votre chronique dure longtemps, long-temps. Maintenant, voici mon problème. J'ai 29 ans et je suis célibataire. Or, tous les mercredis soir et tous les dimanches soir, quand je descends mes vidanges, mon voisin de palier m'arrache la poubelle des mains et va lui-même la porter à la rue. Il en profite alors pour me serrer les doigts bien fort, mais il ne se déclare jamais. Serait-il trop timide pour m'avouer sa passion? Selon vous, Solange, m'aime-t-il vraiment? Je suis toute bouleversée. J'aimerais que les vidangeurs passent tous les jours. Je ne vis plus que pour les soirs de vidan-ges. Est-ce normal?»

«Un bonne main pour...»

À la maison, nos chambres sont assez éloignées les unes des autres que je n'entends rien. Je ne savais donc pas que mon garçon ronflait. Mais je m'en suis vite rendu compte sur la route, alors que nous couchions tous dans la même pièce d'un Howard-Johnson ou d'un Holiday Inn. Il ronfle, c'est pas croyable!

J'avais déjà lu, dans une chronique quelconque, que taper des mains (comme si on applaudissait) tirait le ronfleur de son état de profond sommeil et mettait ainsi fin au ronflement. Or, j'ai décidé d'essayer le truc.

Une nuit, alors que Francis se mit à ronfler, j'ai tapé des mains. Résultat: effectivement, il cessa de ronfler et j'ai pu me rendormir. L'ennui, c'est qu'à toutes les demi-heures, il se remettait à ronfler, me réveillant, et je devais recommencer à taper des mains. Le matin venu, j'ai dit à Francis:

— Je te jure que c'est pas un cadeau, dormir dans la même pièce que toi: tu ronfles tout le temps.

Et toi, crois-tu que t'es un cadeau? Je ne sais pas si tu rêves que tu es dans un cabaret, mais tu passes ta nuit à applaudir!

À quoi sert de mentir?

Vous connaissez l'histoire que raconte Richard Morency? Celle d'un homme marié qui travaille le soir, à Montréal, mais qui habite une lointaine banlieue. Il rentre toujours chez lui par le train de minuit. Or, un soir, il arrive à la gare avec quelques minutes de retard: le train de minuit vient de partir. Fort heureusement, il y a là une jeune et jolie blonde qui vient également de rater son train...

— Que diriez-vous, fait-elle, si nous allions attendre le train de 6h30 dans mon appartement, tout près? Je vous servirais un verre et nous serions bien tranquilles, tous les deux, car je vis seule.

— Pas de refus, ma chère, allons-y!
Effectivement, ils y vont et la nuit se passe comme vous le soupçonnez. Huit heures plus tard, après avoir pris le train de 6h30, notre homme marié rentre chez lui et sa femme est là qui l'attend.

— Alors, mon cher ami, quel est ton alibi, cette fois?
— Pas d'alibi. J'ai raté le train de minuit, c'est tout. Heureusement, il y avait là une belle blonde qui avait aussi raté son train. Elle m'a invité à aller passer la nuit à son appartement et j'ai dit oui. On s'est amusé, on a pris un verre et tout et tout...
— Ha, ha, ha, ha! Très drôle. J'aime ça, te voir rêver en couleur... Maintenant, dis-moi avec qui tu es allé jouer aux cartes et combien tu as perdu!

Pas chanceux

Raymond arrive à l'usine, les deux mains dans le plâtre. Immédiatement, son contremaître l'interpelle:
— Tu t'es encore soûlé hier soir?
— Moi, me soûler? Mais non, mais non, voyons donc. J'ai pris un coup comme tout le monde, c'est tout. Un coup social.
— Et ces deux mains dans le plâtre?
— Ah, ça? C'est rien... C'est juste à cause d'un gros pas-bon. Un moment donné, vers minuit, alors que je sortais de la taverne tout en me mêlant de mes affaires, il y a ce gros pas-bon qui ne m'avait pas vu.
— Explique-toi.
— Il m'a marché sur les mains, l'imbécile!

Déjoué, l'amoureux!

Lorsque la jeune fille de 18 ans recevait son amoureux au salon, son jeune frère de 10 ans passait son temps à les surveiller du coin de l'œil. Ce qui était fort gênant et embarrassant. Un soir où l'amoureux se sentait particulièrement «en chaleur», il fit venir le frérot et lui dit: «Raymond? Va dehors, dans la rue, et compte le nombre de piétons qui portent un chapeau rouge. Je vais te donner un dollar pour chaque chapeau rouge que tu verras...».

Au grand ravissement des deux tourtereaux, Raymond mordit au piège et s'en fut dans la rue. Dix minutes plus tard, toutefois, on l'entendit revenir et crier à l'amoureux de sa sœur:

J'en ai pas encore vu un, mais prépare-toi à payer. Ça va te coûter cher en sirop!
— Comment ça?
— Il y a la parade des Schriners qui s'en vient!

Tenez bien vos tuques!

La facture suivante a été adressée à l'un de mes amis (victime d'une fuite d'eau provoquée par un bris de tuyau dans son sous-sol) par la Swiss Tile Enrg, qui niche au 6202, Lachenaie, à Saint-Léonard, P. Q. Je cite textuellement.

Estimation don le pleinrum
pour le domges Cose par lo
Ote le tapie avec le plavod puri a cos de la
pour le prix de . . . . 1 350$
Pour repose le pleivod et le tapi pour le prix . . . . 950$
Pleinvod schtin de trua car Tront pleivod pa 18$
le morso . . . . 640$
Pour repare le mur de cibrok et refer la pantur . 450$

TOTAL   3 390$

Yaya! Et vive la Swiss Tile, la France, les montagnes russes, l'Office de la langue française, Tiger Williams, les films cochons, la guerre de Corée, Jean Chrétien, les mouches tsé-tsé, les patates frites, Winston Churchill, le pont de la rivière Kwai, les dents de Fernandel, n'importe quoi!

Lui, c'est la mémoire...

L'histoire de Roméo, un monsieur très distrait. Roméo oubliait toujours les anniversaires. Or, un soir, il rentre chez lui, après le travail, et il voit que la table est mise, avec fleurs et chandeliers, alors que madame a revêtu sa plus belle robe.

— Mon Dieu, se dit-il, j'en ai encore oublié un. Dis, chérie? C'est la fête de qui?
— De ma robe. La dernière que tu m'as achetée. Elle a 7 ans aujourd'hui!

Un mois plus tard, Roméo rentre encore chez lui, après le travail, et les chandelles sont encore allumées.

— Batêche!, se dit-il, qu'ai-je oublié cette fois? Dis, chérie?

— Oui, mon loup.

— Qu'est-ce que j'ai encore oublié?

— Tu as oublié de payer l'Hydro-Québec!

LES
LONGUES,
MAIS TOUJOURS
JOYEUSES

Danseuses nues...

J'étais avec un ami ce soir-là, et il voulait prendre une bière avant de rentrer chez lui. Qu'à cela ne tienne! Nous nous sommes arrêtés dans un petit bar-salon qui avait l'air de rien, un peu retiré de la route (pas besoin d'aller au Hilton pour prendre une bière), et c'est là que le fun a commencé...

À peine une vingtaine de clients dans la place, ce qui aurait été reposant pour Marc et moi, n'eût été la sacrée musique à tue-tête. À tue-tête, ai-je dit? À rendre fou! On aurait dit que douze Boeing 747 passaient au-dessus. J'ai failli me pencher!

On s'en va ailleurs, Marc?

— Mais non, inutile. Juste le temps d'avaler ma bière. Dans cinq minutes, on sera partis.

— Waitress? Mon ami veut une bière et on est pressés. Pouvez-vous faire vite?

Pour toute réponse, la serveuse déclare: «Demandez à l'autre, parce que c'est à mon tour.» Votre tour de quoi? Non seulement elle ne me répond pas, mais elle se met à courir vers la scène. J'ai dit à Marc: «On lui aurait-y fait peur?»

Une fois rendue sur scène, v'là la serveuse qui se met à se trémousser, puis à se déshabiller. «Ah bon, fait Marc, on est tombés dans un bordel!»

Bien sûr, nous n'étions pas dans un bordel, mais nous étions tombés dans l'un de ces petits soi-disant bars-salons où les serveuses, à heures fixes, cessent de servir pour aller «se montrer l'cul su'l'stage».

Toujours est-il que notre serveuse est là, à faire son numéro. Un peu de brassage et pif, la jupe; un peu de brassage et pif, la blouse; un peu de brassage et pif! le soutien-gorge; un peu de brassage et pif! le cache-sexe. Applaudissements... Est-ce terminé? Non. Soudain apparaît l'autre serveuse — celle qui vient tout juste de servir à Marc sa bière — et la voilà qui se déshabille à son tour. Elles sont maintenant deux à se brasser ensemble. Euphorie dans la salle. Donnes-y, Rita! Donnes-y, Jackie! On applaudit à tour de bras. Quatre seins et deux sexes à la fois, c'est pas tous les soirs qu'on voit ça. Donnez-y la claque, lâchez pas!

— C'est pas le Lido de Paris! fait Marc, d'un ton calme, en se tournant vers moi.

Effectivement, les deux danseuses ne gagneront jamais de concours de beauté. Côté seins, l'une n'en a guère, l'autre en a trop. Côté fesses, ça fait lourdaud partout. Côté visages, ça fait... comment dirais-je?... ça fait dur. Mais les clients, cette vingtaine, apprécient beaucoup le «spectacle». Jusqu'à en échapper leur verre et à taper du pied. D'ailleurs, lorsque les deux serveuses ont terminé, le propriétaire est si heureux qu'il sort de l'ombre d'un coin de la petite salle, monte sur scène à son tour et dit aux gens: «Nous autres, c'est pas une par une, c'est deux par deux!» Il est visiblement très fier de lui.

Heureusement qu'il n'est monté «su'l'stage» que pour dire ça. Pour un moment, j'ai eu peur qu'il ne se mette à nous montrer ses fesses lui aussi...

— On s'en va, Marc? J'ai mon voyage.
— Allez, vite, on file.
— Toi et ta petite bière! Tu m'as fait casser les oreilles, tu m'as fait voir des monstruosités...
— Bah! Ça te fera de quoi parler!

Un étalon à deux pattes!

Dans le cadre d'une recherche, je lisais de vieux journaux de la fin des années 50 et je suis tombé sur une nouvelle qui, à l'époque, a très certainement dû faire son petit tour du monde.

Il s'agit de Lucia et Alberto Bannesi, un couple italien (marié catholiquement) qui vivait dans la banlieue de Venise. Or, après deux ans de mariage, Lucia s'est adressée au tribunal afin d'obtenir sa séparation légale (je crois que le divorce n'était pas permis, à ce moment-là, en Italie). La raison de cette demande? Son mari, Alberto, était en train de la faire mourir d'épuisement...

Alberto battait-il Lucia? Non, pas du tout. La forçait-il à aller laver les planchers du quartier tout entier? Non plus. Alors quoi? Eh bien, je vais vous le dire comme je l'ai lu: Alberto était une espèce d'étalon. Un insatiable amoureux. Un acrobate de la couchette. Un recordman de l'horizontalité.

Au juge qui lui demandait de s'expliquer, Lucia commença par dire que, depuis son mariage deux ans plus tôt, elle avait perdu vingt-huit livres, passant de 126 à 98. Priée d'entrer dans les détails, la jolie Vénitienne de 23 ans révéla au tribunal l'horaire quotidien de son mari: il quitte la maison à 8h du matin, se rend travailler dans une manufacture de chaussures, rentre à 5h de l'après-midi et mange, puis, à 6h — 6h pile — c'est alors que le fun commence!

À 6h, en effet, Roberto entraîne sa femme dans la chambre à coucher et, jusqu'à minuit tapant, c'est la séance des ébats sexuels. «Arrête, Roberto!» «Non, j'arrêterai pas: t'es ma femme, non?» Et cela dure depuis deux ans, monsieur le juge, tous les soirs de la semaine, sept fois la semaine, cinquante-deux semaines par année, même dans les périodes où il ne faudrait pas, monsieur le juge.» «Hon!» fait le tribunal en rougissant...

Selon la dépêche de France-Presse Lucia a souvent tenté d'aller se réfugier chez des amis ou des parents, au cours des derniers mois, afin de profiter d'une «soirée de congé», mais Roberto est un fin limier: il l'a retrouvée à chaque occasion et... bang sur sa femme, même en présence des amis ou parents! Quand son heure était arrivée, son heure était arrivée. C'est-à-dire: quand son «six heures» était arrivé, son «six heures» était arrivé! Il ne voulait rien savoir.

Appelé à la barre des témoins, Alberto a d'abord affirmé qu'il jouissait d'une santé de fer, ce dont le tribunal a déclaré ne pas douter... Il a aussi dit qu'il aimait sa femme. «Oh, que oui, fit le juge, les preuves sont là»... Puis, vint le punch lorsque Roberto prévint le tribunal qu'il n'avait jamais trompé Lucia.

J'comprends, qu'il ne l'avait jamais trompée! Où aurait-il pu en prendre la force?

La nouvelle dit enfin que Roberto fut confié aux soins d'un psychiatre et que le juge vénitien, contenant

124

mal son rire, a accordé à Lucia «une séparation légale temporaire. Je n'ai jamais pu savoir la suite, mais ce qu'il y a d'amusant à ajouter, c'est que Lucia et Alberto Bannesi, après ces deux années, n'avaient pas (et n'attendaient pas) de p'tit bébé...

La guerre
des «ménagères»

Messieurs, si vous tenez à la vie n'allez pas chez Woolco le lundi matin, c'est mortel. Si j'y suis allé, moi, c'est que j'ignorais totalement que le lundi était «la journée à 1,44$». Il y a toutes sortes d'aubaines à 1,44$ et, croyez-moi, les femmes sont au courant.

Dès l'ouverture du magasin, c'est la bousculade générale. C'est à qui serait rendue la première au comptoir des p'tites culottes à 1,44$, à celui des parapluies à 1,44$, etc. Il y a cent fois plus de danger d'entrer chez Woolco le lundi matin, que d'entrer dans la zone du Canadien le samedi soir. Je n'avais jamais vu pareil affolement. On dirait des vieilles filles allant se lancer dans les bras de jeunes soupirants. Des Cambodgiennes venues réclamer leur provision de riz...

Et ôtez-vous de sur leur passage, car les règles de la courtoisie ne sont pas appliquées. Que non! Ça joue du coude, mieux que Gordie Howe n'en a jamais joué en plus de trente ans de carrière. Attention, messieurs, vous pouvez être blessés sérieusement. Méfiez-vous du sexe faible. Et ce n'est certes pas le moment de fumer: vous perdriez votre cigarette dans la cohorte et il y aurait risque d'incendie.

Après avoir acheté mes trois ampoules (c'est tout ce dont j'avais besoin), j'ai tenté de me frayer un chemin — avec frayeur — vers l'une des caisses de Woolco. Soudain s'amena une femme au pas de course, les bras remplis d'emplettes à 1,44$, ne regardant pas où elle allait, et je n'ai pu l'éviter. J'ai eu beau tenter une esquive, pour me dérober à l'attaque de l'adversaire, peine perdue, elle m'est rentrée dedans.

Le choc fut si violent que la dame en échappa tous ses paquets de 1,44$...

Alors, elle m'a regardé d'un air méprisant et a lancé: «Pourquoi ne regardez-vous pas où vous allez, espèce de grand gigolo?» Elle était très jolie — elles sont toujours plus jolies lorsqu'elles sont fâchées; alors, je me suis excusé humblement d'avoir été «aussi négligent».

Au sortir de chez Woolco, une autre femme, qui marchait rapidement devant moi, s'est soudain arrêtée sec. Comme si elle venait de se souvenir qu'elle avait oublié quelque chose — peut-être son bébé — à l'intérieur. Cette fois, j'ai été plus habile et j'ai pu éviter la collision. Heureusement! Je n'aurais pas aimé, en effet, être traité deux fois de suite de gigolo...

**Le monde
est drôle...**

Il est 4h de l'après-midi et je n'ai pas encore mangé. J'entre dans un petit restaurant du secteur Parc La Fontaine et je commande un club sandwich.

— Prenez un pâté chinois, me dit la serveuse, une blonde d'une trentaine d'années, à l'allure fatiguée.

— Pourquoi? Ils ne sont pas bons, vos club sandwiches?

— Oui, mais le pâté chinois est meilleur. On est des experts dans le pâté chinois. Première fois que vous venez ici?

— Écoutez, mademoiselle...

— Mon nom, c'est Thérèse.

— ... Thérèse, alors.

— Pas Thérèse Allard, Thérèse Madore.

— Je pense que je vais prendre un club sandwich quand même. Ça va plus vite. Je suis pressé.

— Le pâté chinois va bien plus vite, voyons donc! Il est tout prêt. Voulez-vous y goûter? Je vais vous laisser goûter une bouchée.

— Non, Thérèse, merci.

— Vous allez le regretter.

— Tant pis. Vous allez me le faire, mon club?

— Tu peux me tutoyer, tous les clients me tutoient.

— D'accord, je te tutoie, mais vite le club! J'ai faim.

— C'est justement: un pâté chinois, c'est bien plus nourrissant. Du bon boeuf frais, coupé p'tit p'tit, dans des bonnes patates chaudes pleines de blé d'Inde de première qualité. Remarquez que je voudrais pas trop insister, mais...

— Je trouve que t'insistes pas mal. C'est à toi, ce restaurant?

— Non, c'est au boss.

— Alors, dis au boss que je veux un club sandwich.

— Il est pas là...

— Téléphone-lui!

— Il est parti à Chicago...

Thérèse est toujours là, devant moi, crayon en main, attendant ostensiblement que je me rallie à son damné pâté chinois. Tout près, dans le minuscule restaurant, il y a une demi-douzaine de clients qui écoutent la conversation avec curiosité, sans même chercher à camoufler leur amusement. Il y a là quatre jeunes gars, une jeune fille ainsi qu'un bon p'tit vieux qui regarde la scène par-dessus ses lunettes. De toute évidence, ils sont des amis de Thérèse — «ses clients réguliers». Pourquoi sont-ils les silencieux complices d'une serveuse qui refuse de me faire un club sandwich? Je commence à me demander si je ne suis pas tombé dans une maison de fous. Pendant ce temps, il y a mon estomac qui crie. Bien sûr, j'ai le droit de ficher le camp, mais je décide de tenter ma chance une dernière fois. Je me lève et, frappant la table de mes jointures, je lance à Thérèse, le verbe haut et le ton massacrant:

— J'en veux pas de ton pâté chinois! Vas-tu me le donner, mon club, ou si tu me le donneras pas?

Là-dessus, tout le monde s'est esclaffé — d'un bon rire amical — et Thérèse, délaissant son allure fatiguée et affichant un sourire satisfait, me dit:

— Vous inquiétez pas, vous allez l'avoir, votre club. Tantôt, quand on vous a vu vous parker devant le restaurant, on s'est dit: «Aie! Depuis le temps qu'il nous joue des tours dans sa chronique... c'est à notre tour de le faire niaiser!» Pour boire avec le club, vous voulez un Coke ou un café?

— Vu que je veux un café, Thérèse, je vais te demander un Coke!

**Quelques
pensées...**

• Les nouvelles voyagent vite. Sauf si vous les envoyez par courrier.

• Ne dites pas: «Je perds mes cheveux»; dites: «Je gagne du front.»

• Pire que des enfants malades lorsque vous êtes bien, c'est des enfants bien lorsque vous êtes malade.

• Grâce à la sagesse de nos gouvernements, nous avons maintenant 12 500 lois visant à faire respecter les 10 commandements...

• Regretter le passé, c'est comme essayer de rendre les contraceptifs rétroactifs.

• La preuve que les apparences sont trompeuses, c'est que le billet de un dollar a exactement le même air qu'il y a dix ans.

• Un porte-clés est une invention qui nous permet de perdre plusieurs clés à la fois.

• Si vous n'avez pas d'argent pour payer la note, à une terrasse de café, est-ce qu'on vous entre à coups de pied?

• Avis à ceux qui prennent la parole en public: si vous n'avez pas frappé l'huile après cinq minutes, arrêtez de creuser!

• Mon cousin Jean-Jules suit maintenant une diète au steak. Seulement du steak. En deux semaines, il a déjà perdu 340$.

• Avoir 50 ans, c'est quand vous sortez de la douche et que vous constatez que le miroir est couvert de buée...

• Mon grand-père attribue sa longévité à l'exercice: il n'y a pas un matin où il ne fait pas son push-up.

• Si Christophe Colomb était si brillant, comment se fait-il qu'il n'a pas découvert l'Arabie Saoudite?

• Lorsque j'ai enguirlandé mon fils, l'autre jour, il m'a menacé de jouer son option, se déclarer agent libre et signer avec une autre famille!

• L'expérience, c'est l'expérience. Ainsi, jamais un père ne réveille son deuxième bébé, pour le plaisir de le voir sourire...

• J'ai hâte que les femmes se mettent à porter la cravate. Ainsi, je pourrai me venger d'elles, à Noël.

• Si vous voyez un billet de un dollar sur le trottoir, ramassez-le. On ne sait jamais: il peut y avoir quelque chose de valable, en-dessous!

• Ma fille m'a écrit, de son camp de vacances: «Je n'ai ni amis ni argent.» Je lui ai répondu: «Fais-toi des amis, ça presse.»

• Pour planter un clou sans se frapper un doigt, on recommande de tenir le marteau à deux mains...

• Si vous avez du mal à vous trouver un espace où stationner, consolez-vous en pensant à Noé: il a mis 40 jours avant d'en trouver un.

• Un père de famille frustré, c'est un homme qui essaie de donner une leçon de bonne nutrition à son fils qui a atteint 6 pieds 6 pouces en mangeant des patates chips...

• Si vous pouvez encore sourire quand tout va mal, vous devez être un réparateur de télévision.

• Mon cousin de France m'a demandé ce que voulait dire «prendre une fouille». Je lui ai expliqué — et il a tout de suite compris — que c'était ce que prenait quelqu'un qui ne peut garder son équilibre dans un autobus!

• Dépêchez-vous à enseigner à vos enfants la valeur de l'argent: demain, il sera trop tard.

Les prêtres
et l'alcool

(Sujet mouillant. Pavé glissant.)

Selon une dépêche de l'AFP en provenance du Vatican, «l'alcoolisme chez les prêtres augmente dans le monde entier». Vous avez lu? Personnellement, cela ne m'a pas étonné. J'ai commencé à me rendre compte de ce phénomène alors que, très jeune, je servais la messe tous les matins.

Quand le moment arrivait où je devais verser du vin dans le calice, avant la communion, mon célébrant penchait le vase sacré avec insistance. D'un air de dire: «Allez, le petit, mets-en!» Alors, je remplissais le calice. Full. Je n'ai jamais vu un homme déguster le sang du Christ avec autant de joie. Ça devait être un saint.

J'avais même parfois l'impression qu'il allait me demander «un deuxième service»...

Mais il lui fallait faire attention: il y avait du monde.

Après la messe, dans la sacristie, l'un de mes devoirs était de ranger dans un placard (et sous clé) la chasuble et l'étole du célébrant, mon surplis et ma soutane, ainsi que tous les accessoires ayant servi à la célébration de la messe — y compris la cruche de vin! Or, il arrivait à mon prêtre de me dire:

— Ce matin, je vous donne congé. Allez déjeuner, allez, allez. Je m'occupe de ranger le tout moi-même. Allez!

Moi, je le savais que c'était à cause de la cruche! On a beau être un adolescent... Mais je faisais semblant d'pas savoir. Je m'en allais alors au réfectoire déjeuner en bon petit gars qui n'a rien vu. Je me demande même si je n'y allais pas les mains jointes.

Le plus drôle, c'est que quelque dix minutes plus tard, mon célébrant s'amenait au réfectoire à son tour. (Il n'y a pas deux endroits, mais un seul, où prendre le petit déjeuner, et c'était là.) Et je le regardais traverser d'un pas allègre — faut pas exagérer, il n'était quand même pas saoul — le réfectoire, pour aller prendre sa place à la table des prêtres. Mon Dieu qu'il avait l'air heureux d'avoir tant communié avec le Christ!

Chemin faisant vers sa table, il me donnait une petite tape sur l'épaule, lançait un clin d'œil à certains de ses élèves, serrait la main d'un confrère et, lorsqu'il s'asseyait, il avait toujours un petit gag qui semblait dérider ses copains de prêtrise. Rien de gros. Rien pour s'esclaffer. Seulement un petit mot d'esprit, car il était intelligent. Une bolle...

Ce qui m'étonnait beaucoup de lui, à l'époque, c'est qu'il refusait toujours, après s'être attardé à la sacristie, de manger des œufs. Ce n'est que plus tard, beaucoup plus tard, lorsque je suis moi-même devenu buveur, que j'ai appris que les œufs et l'alcool ne se marient pas. Ça donne des nausées. C'est terrible pour le foie... Vous voyez? Lui, il savait déjà... Une bolle, je vous dis! Une vraie, vraie bolle. Il était tellement bolle qu'il était super-bolle.

Or, cette bolle est décédée à l'âge de 54 ans, Cirrhose du foie.

Un après-midi
en coat-à-queue!

Pour illustrer la couverture d'*Un voyou parmi les stars*, mon éditeur a eu l'idée diabolique, et saugrenue sur les bords, de me faire photographier en coat-à-queue. Avec tout ce que cela comporte d'accessoires: la chemise à franges, le plastron, les bretelles, la petite boucle, les gants blancs, le chapeau haut-de-forme, la canne à pommeau, le kit! Plus une rose rouge. Style fin du XIXe et bourgeoisie du Moulin-rouge...

Je me suis donc rendu chez Ponton, le célèbre costumier de la petite rue Saint-Sulpice, à Monréal, rue qui longe l'église Notre-Dame. En moins d'une demi-heure, j'étais déjà costumé. Mais ces trucs-là sont tellement compliqués à se mettre sur le dos, pour qui n'y est pas habitué, que j'ai décidé de partir ainsi «déguisé» pour me rendre au studio du photographe, situé à Outremont.

Seulement, voilà. Pour retrouver ma voiture, stationnée tout en haut de la rue Saint-Sulpice, je devais traverser une horde de touristes, attirés là par l'église Notre-Dame et qui avaient tous une caméra en bandoulière. Des Américains, des Français, des Espagnols, des Asiatiques... Or, vous auriez dû voir le show que j'ai involontairement donné, dans mon accoutrement! Ils ont tous quitté des yeux l'église Notre-Dame pour les porter sur le curieux individu que je représentais, et ils se sont mis à me courir après pour me photographier. Ce que j'ai pu en entendre!

— Regarde le fou, daddy!

— Pas si vite, monsieur, je veux une photo!

— Ah, ce que ça peut être marrant voir ça en plein après-midi!

— Dans toutes les grandes villes, darling, il y a de ces hurluberlus!

— *Oh boy, he's something, isn't he?*

— Monsieur, tournez-vous juste une seconde!

— Dix dollars, si vous acceptez de vous faire photographier avec ma petite fille dans vos bras!

Décidément, j'étais le clown de la place... Chacun retournera dans son pays en racontant cet après-midi ensoleillé du lundi 17 août, où il a vu apparaître un individu en coat-à-queue et en «tuyau d'castor», ganté de blanc et portant une canne à pommeau... Montréal, dira-t-on, a ses fous en liberté comme partout ailleurs... C'était la première fois de ma vie que je faisais rire le monde sans avoir à écrire un seul mot! Il y a un commencement à tout, n'est-ce pas?

Il y avait aussi quelques touristes de province, dans la foule (de province de Québec, s'entend), car j'ai également entendu des réflexions comme celles-ci: «Ça te fait bien. Garde ça, bonhomme. Ça va revenir à la mode!»... «Moi, j'aime ça, du monde ben habillé!»... «T'es sorti quand, l'grand?»... «Où tu t'en vas? Aux noces?»... Si ces réflexions ne venaient pas de touristes québécois, mon nom est Toulouse-Lautrec.

Toujours est-il que j'ai finalement réussi à me faufiler jusqu'à ma voiture et que j'ai fait tout mon possible pour quitter les lieux en trombe. Pas drôle, d'être clown! Je comprends maintenant pourquoi ils sont si tristes, dans les coulisses du cirque.

Chemin faisant, vers Outremont, je n'ai pas eu trop d'ennuis, sauf aux feux rouges, où je sentais les regards inquisiteurs plongés sur mon accoutrement. Mais je ne bronchais pas. Yeux devant, immobile, attendant le feu vert.

Rendu à destination, je me suis vite trouvé une place de stationnement près du studio (privé) de photographie, mais j'ai eu encore droit, en sortant de la voiture, à une remarque. Il y avait là un enfant d'environ neuf ou dix ans qui déambulait avec sa mère, dans ce très chic quartier qu'habitent les sommités de notre intelligentzia.

— Qui c'est, ce type, maman?
— Ce n'est probablement qu'un ministre. Chut! fais semblant de ne pas voir. Allez, viens, chéri, et surtout ne tourne pas la tête...

Il faut tenir ça mort!

Vous est-il déjà arrivé d'avoir le fou rire dans des circonstances qui ne s'y prêtent absolument pas? À la messe de minuit, par exemple. Mon Dieu qu'on est mal! L'ennui, c'est que plus on essaie de se maîtriser, moins on en est capable. On voudrait se voir six pieds sous terre.

Justement, hier soir, je suis allé voir un mort. Ti-Paul était un de mes anciens confrères de classe. Fou comme un balai. Railleur. Impossible. «Accidentellement, le 29...», était-ce écrit dans le journal. Je me suis dit: allons voir Ti-Paul, ne serait-ce que pour passer quelques moments avec d'anciens confrères et voir quelle sorte de femme Ti-Paul avait finalement épousée.

Je rentre dans le salon, je regarde autour, je ne reconnais personne, je file vers le défunt, je m'agenouille. Mais il a donc bien changé, Ti-Paul! Lui qui était maigre comme un piquet, regarde-moi c'te bouille!

Ce n'est que quelques instants plus tard que j'ai compris pourquoi mon ancien confrère avait tant changé: c'est que j'étais agenouillé devant le mauvais cadavre. Ti-Paul était exposé dans l'autre salon, à côté!

C'est à ce moment que le fou rire m'a pris. Juste devant la veuve du gars que je ne connaissais pas et qui me remerciait d'être venu. «Est-ce qu'il est parti vite?» lui ai-je demandé sottement et je ne sais pourquoi. En claquant ses doigts sous mon nez, la veuve a fait: «Bang! comme ça!» J'ai éclaté de rire.

Vous auriez dû voir la famille me regarder! «Qui c'est ça, c'te maudit fou-là?» ai-je entendu dans mon dos. Je ne sais qui a dit cela mais je ne peux le blâmer. Et il y avait toujours la veuve qui me regardait la bouche ouverte! Je ne suis jamais sorti si rapidement d'un salon...

Cinq secondes plus tard, je me retrouvais dans l'autre salon, le bon, devant un autre cadavre, le bon, entouré de mes anciens confrères de classe, les bons. Je m'approche du cercueil: «Salut, Ti-Paul!» Pas un mot.

Et me voici qui repars à rire... Je n'ai jamais été aussi mal! La veuve s'approche, je me présente et la voilà qui me dit que le défunt «est parti vite». Alors là, j'ai éclaté de tous mes poumons!

Histoire de ne pas passer pour un complet imbécile, je me mis à expliquer à la veuve de Ti-Paul l'aventure qui venait de m'arriver dans le salon d'à côté.

(Elle n'a pas eu l'air de trouver ça drôle, elle. Alors, je l'ai quittée. Valait mieux.)

Un peu plus loin, je rencontre Maheu, un ancien du Collège de Montréal. Il me pointe Ti-Paul de la tête et me demande gravement: «Qu'est-ce que tu penses de ça?»

«C'est ben d'valeur, que je réponds en éclatant de rire encore une fois, mais y'a pas l'air dans son assiette!»

Cette fois, j'étais déchaîné! D'autant plus que Maheu se mit à rire avec moi! Sans le vouloir, je lui avais communiqué mon damné fou rire et nous avions l'air de deux tarlas «lâchés lousse» au sein d'une famille en deuil.

Gaffe par-dessus gaffe... Quand un parent vint nous apprendre, plus tard, que Ti-Paul était mort frappé par une automobile, alors qu'il sortait de chez le marchand de bois où il était allé acheter des planches pour finir son sous-sol, Maheu et moi pensâmes au gars qui était sur les planches et... nous voilà encore pliés en deux!

Excuse-moi, Ti-Paul. Je n'ai pas fait exprès. La prochaine fois que tu mourras (tu en es bien capable!), je me contrôlerai. Promis, Ti-Paul.

Le Québécois en Floride

Avec des copains, l'autre jour, nous parlions des Canadiens français qui ont l'habitude d'aller passer deux ou trois semaines, l'hiver, en Floride ou à Acapulco. Ce que nous nous sommes marrés! Le touriste canadien-français, sur une plage du sud, on le reconnaît tout de suite. Il n'a pas besoin de parler, on le sait. Vous voulez que je vous en fasse une image? Un prototype? Oublions Acapulco, que je connais beaucoup moins bien, et situons-nous en Floride. Voici ce qu'a l'air et ce que fait notre touriste moyen, là-bas. Appelons-le Ephrem…

D'abord, il s'est établi dans la région de Hollywood, parce qu'il y a du français partout: au motel, dans les magasins, au restaurant, dans les bars. Lui, il s'est rendu là pour prendre un coup de soleil, pas pour se dépayser ni pour visiter. Hollywood et les environs, c'est sa place à lui, son village, son ghetto. S'il y a soudain des Américains autour de lui, ça le dérange.

Ephrem est dans la quarantaine.

Il n'est pas très grand et il a un petit bedon.

En fin d'avant-midi, il va faire sa marche sur la plage, histoire de réinspecter les lieux, pour voir si rien n'a changé depuis la veille.

Il est en maillot, il a le chapeau des Expos sur la tête, il porte des verres fumés et, à la ceinture, il y a un gros paquet de Player's enfoui dans son costume de bain… car il est d'avis que les cigarettes américaines ne sont pas fumables. D'un côté d'Ephrem, qui se promène sur la plage, il y a l'océan; de l'autre, les motels. Même s'il est venu là pour se plonger dans l'océan, il ne le regarde pas du tout: il regarde plutôt les motels, pour voir s'il n'y en aurait pas un plus beau que le sien!

Pendant l'après-midi, Ephrem s'écrase sur la plage et, là, c'est le coup du coup. Le coup du coup de soleil. Faut qu'il se fasse rôtir, sans quoi les gars du bureau vont lui dire que c'est pas vrai qu'il est allé en Floride! Pour être encore plus certain d'être cru, d'ailleurs, il leur enverra des cartes postales, en fin d'après-midi: «Température magnifique. Soleil de plomb. Ça coûte cher en Noxzéma? Ha! ha! ha! Chez vous, est-ce qu'il y a toujours autant de neige et est-ce qu'il fait toujours aussi froid? Ha! ha! ha! Salut, les boys. Ephrem.»

(Si Ephrem était là, quand «les gars» reçoivent sa carte postale, il se ferait planter!)

Après souper, notre gars sort de sa chambre de motel, généralement avec sa femme (qui a magasiné pendant toute la journée), et il s'installe sur le devant, pour la soirée. Toujours en maillot, même s'il fait frisquet. Faut quand même le montrer, ce coup de soleil! Et il cherche d'autres Canadiens français avec qui il passera la soirée, arrosée de Budweiser, à parler de politique québécoise, de hockey, de religion, de baseball, d'impôt et de dix autres sujets qui meublent aussi ses soirées, lorsqu'il est à la maison. Ephrem est heureux: il est en Floride...

Tard, ce soir, il s'endormira devant Johnny Carson après avoir dit à sa femme: «Maintenant que nos enfants sont élevés, on peut se payer du bon temps. Es-tu contente, chouchoune, de pouvoir enfin voyager?»

Quand on n'est
pas gastronome...

Jean-Jules est plutôt habitué à manger chez le Grec du coin. D'abord, il n'est pas très fortuné et, ensuite, il raffole des grilled-cheese, des hot-dogs, des hamburgers et des frites molles avec ketchup Heinz. Chacun ses goûts... Mais hier, c'était l'anniversaire de Jean-Jules, mon cousin, et nous avons décidé de l'emmener manger dans un grand restaurant français. Quand je dis «nous», c'est qu'il y avait Marie-Louise, qui est la femme de Jean-Jules, Suzanne et moi. Ce qu'on a pu rire sous cape!

Je ne dirais pas que Jean-Jules nous a fait honte, mais il n'a certes pas contribué à nous faire honneur dans ce lieu sacré de la gastronomie.

Dès que le maître d'hôtel nous eut indiqué une table, Jean-Jules lui a demandé quelle sorte de soupe il avait! Étonné, l'homme lui répondit, après une légère hésitation: «Je suis le maître d'hôtel, monsieur. Pas le garçon.» Ah!

Une fois que nous fûmes attablés, le «busboy» s'amena (avec ses verres d'eau et ses cartes de menu) et mon cousin revint à la charge: «Je vais commander une soupe. Quelle sorte vous avez?» De répondre le jeune homme: «Je suis le busboy, monsieur. Pas le garçon.» Ah!

Alors, Jean-Jules se tourna vers nous et fit: «Le garçon, le garçon, le garçon de qui?» Rire général. Mais mon cousin ajouta tout de suite: «C'est évident que je sais qu'un waiter, c'est un garçon, dans les grandes places. Mais où est-ce qu'il est, le garçon? Il est habillé comment?»

À ce moment précis s'amena une jolie brune en «tuxedo», crayon à la main: «Bonsoir. Je peux vous offrir une apéritif?

— Oui une soupe! Lança Jean-Jules. Quelle sorte vous avez? Et puis, laissez-moi vous dire une autre chose: c'est la première fois que je vois un garçon qui est une fille. Enfin! je me comprends...

— Je ne suis pas le garçon, monsieur. Je ne vous propose que l'apéritif. Le garçon viendra plus tard.
— Ah!

Ma femme s'interposa: «Apportez-nous trois martinis, mademoiselle. Nous commanderons ensuite. Ça va?» Ça va.

Jean-Jules n'en revenait pas du cérémonial. Il ne nous l'a pas dit mais nous étions convaincus qu'il aurait beaucoup mieux aimé se retrouver, plutôt que dans ce palace de Curnonsky, chez le Grec du coin. Faisant quand même contre mauvaise fortune bon coeur, il a bu son martini en souriant et — histoire d'imiter les employés du restaurant — nous a raconté quelques blagues en empruntant l'accent parisien. Puisque c'était sa fête, nous avons beaucoup ri...

Ha!, ha!, ha!, ha!, ha!, ha!, et plusieurs autres ha!

À la fin du repas, mon cousin eut droit, bien sûr, à un gâteau aux chandelles (sa femme et ma femme avaient vu à manigancer cela avec le maître d'hôtel) ainsi qu'à un roucoulement discret, compte tenu de la qualité de l'endroit où nous étions, de «C'est à ton tour, mon cher Jean-Jules, de te laisser...».

Mais ce qu'il y a eu de plus drôle, je pense, au cours de cette soirée, c'est lorsque le garçon s'amena finalement à notre table. En «tuxedo» lui aussi. Après avoir soigneusement choisi son potage (lire: soupe), mon cousin et le garçon ont eu cet échange:

— C'est quoi, du caviar?

— Ce sont des oeufs, monsieur. Des oeufs d'esturgeon.

— Good! Faites-moi-z-en cuire deux au miroir!

Décrire:
pas facile

Les extraits suivants ont été tirés de certaines déclarations d'accidents reçues par écrit au SLC (Service de location canadien):

«M'en revenant chez moi, j'ai tourné dans la mauvaise entrée et je suis entré en collision avec un arbre qui ne m'appartenait pas...»

«Un piéton m'a frappé et a disparu en dessous de ma voiture...»

«En m'éloignant de la route, j'ai regardé ma belle-soeur et la première chose que j'ai sue, j'étais monté sur son talus...»

«Mon auto était stationnée légalement quand elle s'est mise à reculer dans un train qui passait par là...»

«Une voiture invisible est apparue de nulle part, m'a frappée puis a disparu...»

«J'ai dit à la police que je n'étais pas blessé, mais en enlevant mon chapeau, je me suis aperçu que j'avais une fracture du crâne...»

«J'ai voulu freiner mais, dans mon énervement, je me suis trompée de pédale, sans quoi cet homme-là ne serait jamais mort...»

«Lorsque j'ai été frappé, je n'étais pas là. J'étais allé me chercher des cigarettes...»

«J'ai essayé de me faufiler entre deux autobus. C'est là que ça n'a pas marché...»

«Je tiens à démentir fermement ce que j'ai avoué à la police...»

«J'étais en train de m'allumer, lorsque je suis entré dans le derrière de la fille...»

«C'est mon troisième accident. Je dois avouer qu'on ne s'habitue pas...»

«Après avoir perdu la maîtrise du volant, mon auto a fait un U-Turn et c'est là que le mur de brique est arrivé...»

«En freinant trop brusquement, j'ai perdu mes lunettes. En me penchant pour les ramasser, j'ai quelque peu lâché la route et c'est alors que je me suis ramassé dans le parterre de la pauvre femme à qui je m'excuse de l'avoir escamotée...»

«Si je n'avais pas manqué de gaz en voulant dépasser le gros camion, mon beau-frère serait encore vivant...»

«Apparemment, le radio de ma défunte femme jouait trop fort, elle n'a pas pu entendre le train venir...»

«Les ambulanciers m'ont dit que j'ai été bien chanceuse de m'en tirer avec seulement quelques esquimaudes...»

«Quand je me suis mise à glisser, j'ai tout de suite eu la présence d'esprit de penser que j'aurais un accident. Mon intuition ne m'a pas fait mentir...»

«Je suis sûr que l'auto est encore au fond de la rivière. Elle était trop pesante pour se laisser entraîner par le courant...»

«Si j'avais su, c'est évident, j'aurais pris une autre route, ce soir-là...»

«J'avais pris quelques verres, je l'avoue, mais ce n'est pas ça qui aurait empêché le gars de me défoncer trois côtes...»

«C'est après avoir jugé bon de prendre la gauche que j'ai pris le champ...»

(Le SLC, qui m'a fourni matière à cette chronique, m'excusera sans doute d'en avoir «ajouté pas mal»! C'était très tentant, n'est-ce pas?

Charles
ou George?

Que ce soit par écrit ou par téléphone, les lecteurs nous posent souvent des questions absolument inattendues. «C'est pour une gageure», disent-ils habituellement... Ainsi, cette dame qui voulait savoir si le prince

Charles, lorsqu'il sera roi, portera encore le prénom de Charles. Qu'en sais-je! J'ai beaucoup d'amis, mais l'actuel prince de Galles ne m'a pas encore été présenté. Ça n'a pas adonné...

J'ai bien tenté de le joindre par téléphone au palais de Buckingham, mais on m'a dit qu'il était parti en voyage sur le *Britannia.*

— Avez-vous le numéro de téléphone du bateau?
— Oui, mais c'est un numéro privé. Il n'est pas dans le bottin.
— Il est donc bien snob, votre prince!
— (CLIC)

De toute façon, lorsqu'un roi est couronné — comme ce sera le cas du prince Charles, quand sa maman décidera d'abdiquer pour lui céder la place —, il aura le droit de choisir le nom qui lui plaît. Ainsi, le prince actuel pourrait décider de rester Charles et de devenir le roi Charles III.

Le dernier Charles de Grande-Bretagne fut Charles II, qui ne régna que trois ans, de 1664 à 1667, car il fut déchu à cause de sa trop grande tolérance à l'endroit des catholiques. C'était à l'époque où «on les débarquait vite»! Pas de tataouinage. Next!

Le prince Charles voudra-t-il devenir Charles III? Sais pas. Même Pierre Desmarais ne le sait pas non plus.

À moins qu'il ne décide, par respect pour / et en hommage à / et pour perpétuer le souvenir de / son grand-père George VI... à moins qu'il ne décide, dis-je, de s'appeler George VII? Qui sait! Même s'il bégayait et qu'il ne semblait pas très rapide sur ses patins, George VI fut un roi bien-aimé des Anglais. C'était un bon gars. Pendant la Deuxième Grande guerre, il n'a peut-être pas déplacé beaucoup d'air, mais il a fait ce qu'il a pu, c'est-à-dire se taire et attendre. Lorsqu'il est mort, en 1952, tout le monde avait de la peine, dans les rues de Londres...

Je me souviens que même ma tante, à Ville-Émard, pleurait. Ce soir-là, elle a récité son «chapelet en famille», dans la cuisine et devant la photo du pape Pie XII, en implorant le bon Dieu (entre chaque dizaine d'Ave Maria) de ne pas tenir compte que, de son vivant, George VI avait été le chef de l'Église anglicane.

Le prince Charles voudra-t-il devenir George VII? Sais pas non plus. Et, encore là, Pierre Desmarais II ne peut nous aider.

Il n'y a qu'une chose de certaine: il ne s'appellera pas le roi Dagobert, car il n'est pas distrait. Il n'a pas l'habitude de mettre sa culotte à l'envers...

Reste à savoir si Élisabeth II se retirera bientôt. Elle est là depuis vingt-neuf ans et elle est âgée de 57 ans. On dit qu'elle attendait que Charles se marie avant de lui permettre de monter sur le trône. Or, c'est fait. À moins qu'elle ne veuille battre le record de la reine Victoria qui a régné pendant soixante-quatre ans, de 1837 à 1901? Dans ce cas, il lui faudrait rester en poste jusqu'à l'âge de quatre-vingt-onze ans. Elle aurait alors son nom dans le livre des records Guinness!

C'est quoi, le bonheur?

Il y a bien des façons d'être heureux.
Rien de sorcier là-dedans.
Il nous guette, le bonheur. Il nous court après. Pourtant, on a tendance à ne pas savoir mordre dans lui.

Des exemples?

Le bonheur, c'est un gars qui, en apercevant sa nouvelle secrétaire, se souvient de l'avoir vue, l'an dernier, dans les pages centrales de *Playboy*...

Le bonheur, c'est de voir le gardien de plage — sur qui votre femme a eu les yeux rivés pendant toute la journée — quitter les lieux, main dans la main, avec un autre gardien de plage...

Le bonheur, c'est de rester pris, dans un ascenseur en panne, avec un gars qui a un p'tit 10 onces dans ses poches...

Le bonheur, c'est d'arriver au club de golf avec deux pros et d'apprendre que Serge Bélair a téléphoné pour dire qu'il ne pourra pas venir jouer avec vous.

Le bonheur, c'est lorsqu'un voisin décide de vous montrer le film de ses dernières vacances (c'est généralement assez plate!) et que vous découvrez soudain qu'il les a passées dans un camp de nudistes...

Le bonheur, c'est de constater, en rendant visite à la maîtresse d'école de votre garçon, que lorsqu'il parlait de ses 42 ans, il ne parlait pas de son âge...

Vous voyez? Ce n'est pas difficile, être heureux. Il s'agit de bouger un peu, de grouiller et de savoir profiter de toutes les bonnes petites choses de la vie. Rien de malin dans cela. Il n'y a qu'à ouvrir les yeux et agrandir ses oreilles. Et alors, pif! le bonheur vous frappe dans l'pif. C'est un tas de choses, le bonheur.

Ainsi, vous arrivez au bureau et l'on vous apprend que le patron ne sera pas là de la semaine car il vient de se casser les deux jambes, en ski. Pas l'fun, ça? C'est même au boutte! Si vous n'êtes pas heureux là, vous ne le serez jamais...

Le bonheur, c'est d'aller chez le dentiste et de découvrir, dans la salle d'attente, un magazine consacré aux filles de Tahiti...

146

Le bonheur, c'est un gars qui arrive au Forum et qui apprend que Grundman vient enfin de réussir un échange: il a obtenu un costaud de talent en retour de quatre tapettes à mouches...

Le bonheur, c'est d'entrer dans le bureau du patron (à qui vous voulez réclamer une augmentation de salaire) en possession de diapositives montrant ses exploits sensuels, lors du dernier party d'bureau...

Théo du carnaval

J'avais un oncle qui s'appelait Théo et qui s'était promis de ne pas mourir avant d'avoir assisté au moins une fois au carnaval de Rio. Effectivement, après avoir économisé pendant quelques années, mon oncle a pris l'avion pour le Brésil. Il aimait cela, l'action? Il en a eue.

Le jour où ils ont lâché les taureaux sur l'espèce de rue Sherbrooke de Rio, Théo était là, kodak en main, en plein milieu de l'action, désireux de ramener des souvenirs aux amis. Un moment donné, alors qu'il était occupé à prendre une photo, un taureau est arrivé par derrière, a enfourché mon oncle sans le prévenir et vous auriez dû voir la scène (qui nous a été décrite en portugais par la police brésilienne). Il paraît que Théo a d'abord levé dans les airs en criant, toujours selon la police: «Kosséça, sacrament?»

Il était comme surpris...

Après avoir plané pendant quelques secondes, mon oncle est passé à travers une porte et il est entré dans une petite maison de Rio sans dire bonjour au monde! Il s'est ramassé dans le fond de la cuisine — flang! — entre une plante de cactus, une poule vivante et un baril d'avoine.

Pas besoin de vous dire que la femme de la maison, devant cette entrée inattendue et fracassante, a paru étonnée. «Rentrez-vous toujours comme ça dans les maisons?» a-t-elle demandé à Théo qui, à son tour, a répondu par une autre question: «Ils sont donc ben bêtes, vos taureaux! Ils sont-y toujours aussi sournois que le mien?»

Après quoi, mon oncle a perdu connaissance et il fut transporté dans un hôpital local où l'on décela tellement de cassures et de brisures que le médecin chef a cru bon de téléphoner à ma tante, à Québec, pour lui dire: «Franchement, ça va mal pour votre mari. Vous pourriez venir à Rio tout de suite?» Ce à quoi ma tante a rétorqué, elle qui était en instances de divorce: «Ça me fait bien de la peine pour mon mari. Maintenant, passons aux choses sérieuses: comment va le taureau? J'espère qu'il n'a pas été blessé!»

Toujours est-il que ce qui devait arriver arriva. Nous avons fait revenir le corps par avion.

Après que le Père Ambroise eut prononcé son homélie et que la messe fut terminée, la veuve m'a dit sur le parvis: «Ton oncle avait promis de ne pas mourir avant d'assister au moins une fois au carnaval de Rio. Tu vois? Ses vœux ont été exaucés. Théo est mort heureux. Je suis contente pour lui...»

— Contente pour vous aussi ma tante?

— Le bon Dieu fait bien les choses...

La réalité dépasse...

Les faits divers sont souvent tordants. Il y avait deux petites nouvelles, l'autre jour, dans le journal; je ne sais pas si vous les avez lues. L'une de l'AFP, l'autre de l'AP, en provenance de Paris et de Stockholm respectivement.

À Paris, un automobiliste, après avoir frappé et tué un piéton de 77 ans, n'a pas jugé bon de s'arrêter. Il s'est enfui et a emprunté une autoroute. Vingt minutes plus tard, alors que le chauffard se croyait à l'abri de tout soupçon, la police de la route l'interceptait. L'ennui, voyez-vous (et il ne le savait pas, bien sûr), c'est que pendant tout ce temps, l'automobiliste s'était promené avec le cadavre de la victime resté accroché au toit de sa voiture!

Incroyable, non? Pourtant, c'est authentique. France-Presse ne véhiculerait pas pareil canard. Quand l'on dit que la réalité dépasse souvent la fiction! Paraît-il que plusieurs autres automobilistes, voyant le p'tit vieux de 77 ans sur le toit de l'auto, ont tenté d'en prévenir le chauffard en klaxonnant, mais que ce dernier a fait la sourde oreille. Un vrai film de Charlie Chaplin! On verrait cela au cinéma et on se bidonnerait...

Quant à la petite nouvelle de l'AP (Associated Press), parue le même jour dans le même journal, mais cachée parmi de grosses annonces, j'ai failli m'étouffer avec mon café en la lisant. Je l'ai même relue trois fois pour mieux la visualiser. C'est celle qui provenait de Stockholm. Écoutez ceci.

Un Suédois, désireux de débarrasser le toit de sa maison de l'épaisse couche de neige qui s'y était accumulée, décida de passer à l'action. Il allait monter par derrière la maison. Par mesure de précaution, il noua une grosse corde à bateau autour de sa taille et, comme son toit ne possède pas de cheminée, il fixa l'autre extrémité de la corde au pare-chocs de sa voiture stationnée à l'avant de sa maison. Vous suivez? Très intelligent, ce Suédois, surtout imaginatif. Soucieux d'assurer sa sécurité.

L'ennui, c'est que la femme de Johensen (c'est le nom du gars) décida soudain d'aller faire des emplettes au centre commercial du coin. Elle sauta donc dans l'automobile, distraite comme toujours, embraya et partit...

Ah ben, vous auriez dû voir Johensen partir avec elle, à l'autre bout de la corde!!!
Encore là, du cinéma à Charlot. Vous imaginez la scène? Veux, veux pas, Johensen — qui était savamment relié à l'automobile — a bien été obligé de suivre!

Première fois qu'il traversait un toit si vite! Ça ne se dénoue pas comme ça, une corde à bateau, n'est-ce pas? Surtout quand on est pris par surprise. Et voilà notre Johensen dans les airs et qui, avant que sa femme ne s'aperçoive de son erreur et ne stoppe la voiture, trouve le moyen d'effectuer six ou sept «summersets» périlleux ainsi que plusieurs contorsions aériennes à faire rougir de honte les plus grands athlètes olympiques.

À l'atterrissage, Johensen eut toutefois un coup de chance: il est tombé dans un amas de neige, chez son troisième voisin. Une jambe cassée, quatre côtes fracturées, le nez en bouillie, les oreilles écorchées et toutes sortes de petites blessures, mais l'important... c'est qu'il est encore en vie. «Il s'en tirera assez bien», dit l'AP. Tout est bien qui finit bien. Chose certaine, je suis convaincu que Johensen ne remontera plus jamais sur son toit...
... sans avoir les clés de sa voiture dans sa poche!

Les drôleries de notre langue

Dans son *Dictionnaire de la langue québécoise*, Léandre Bergeron démontre l'affection toute particulière que nous avons pour le verbe «prendre». Verbe que nous utilisons à toutes les sauces, à tort et à travers, et auquel nous donnons toutes sortes de significations différentes.

Et il cite des exemples. Lisez cela, c'est amusant:

Prendre une maladie, prendre une femme, se faire prendre, prendre une action contre quelqu'un, un produit qui prend pas, une femme qui prend, du lait qui prend, des arbres qui prennent bien, le fun a pris, prendre serment, prendre une marche, prendre le beau, prendre une brosse, prendre charge du match, prendre commerce, prendre par surprise, prendre une assurance, prendre le dessus...

... prendre du mieux, prendre l'eau, prendre son ouvrage au sérieux, prendre le bord, prendre le champ, prendre en feu, il prend pour le Canadien, prendre l'épouvante, prendre le bord pour Paris, prendre la grandeur d'un pièce, prendre le vote...

... prendre un risque, prendre jusqu'aux dents, la nuit prend, prendre la montagne, prendre la porte, il a pris le bois, prends sur tel, se prendre pour un autre, il a pris une bataille, il l'a pris sur son bras, prendre son trou, moi je le prends pas, il s'est pris un air, etc.

Il y a aussi d'autres verbes que nous utilisons à outrance, faute de vocabulaire. Ainsi, le verbe «faire». Ah, ce qu'on peut lui faire faire, à ce faire! J'y reviendrai; pour l'instant, on va laisser faire. Après tout, je ne peux faire toute ma chronique sur Léandre Bergeron qui a fait pas mal d'«overtime» pour faire son dictionnaire. Mais ça ne lui a pas fait un pli!

Avant de terminer, allons voir les exemples que donne *Le dictionnaire de la langue québécoise*, au mot «fourrer»... Pissanti... Jugez-en vous-mêmes: il m'a fourré ben raide, elle fourre en maudit, le juge l'a fourré dedans, la track nous a fourrés, dans la 7e... les paresseux fourrent le chien toute la journée... où c'est que j'ai fourré ça?... j'avoue que je suis fourré... je me suis fourré, dans mon examen... il s'est défourré en déclarant faillite... je vais te fourrer une claque sur la...

Avouez que c'est ainsi que parlent 90 pour cent d'entre nous. Bergeron se devait, dans son œuvre par contre très sérieuse, de ne rien éviter, surtout pas nos grivoiseries de langage, puisque son dictionnaire se veut le fidèle reflet de la langue parlée chez nous.

Je pourrais aller plus loin et vous faire bien rire, en vous citant ce que l'auteur dit, aux mots «crosser», «crossage», «crosseur» et «crossette», mais je ne le ferai pas.

C'est presque incroyable, par contre, ce que nous faisons faire au verbe «faire». Nous lui faisons faire toutes sortes de choses à faire, surtout des choses où il n'a pas d'affaire. Faisons-en un bilan abrégé, en nous inspirant de Bergeron, l'homme qui sait faire:

«Faire le feu, faire le train, faire le mort, faire l'affaire, faire son jars, faire son frais, faire son gros, faire le fou, ça va faire, faire ni une ni deux, faire du sang de punaise, faire la pluie et le beau temps, ça me fait pas un pli, faire la demande en mariage, il fait tapette, faire l'amour...

«... faire le ménage, faire une face de bois, faire ses Pâques, faire la paresse, faire les sucres, faire application, faire semblant, faire son best, faire des sparages, faire du bon, faire du cruising, faire la couperie, faire foul ball, faire exprès, faire sa ronne, faire des stépettes, mon fils va faire un médecin, faire une j'job...

«faire du temps, faire du necking, faire du salon, il se fait aller, faire son tas, se faire conter ça, se faire remplir, se faire mener le yable, se faire passer au batt, se faire sôquer, se faire aller, se faire asseoir, se faire une place, faire dodo, faire niaiseux, il fait dur, faire son crisse, il fait ses dents, il est fait pour ça...

«... faire du bois, j'vais t'en faire, la fille est ben faite, faire des tricks, le p'tit a fait dans ses culottes, faire des plans, faire un voyage, ça fait que, il lui a fait trois bébés, faire un arrêt, faire faire, faire patate, faire 300 $ par semaine, faire une maison, faire un tour, il s'en fait pour rien, son habit lui fait bien, faire riche, faire un gars, il se laisse faire, faire une crise cardiaque, faire les foins, faire la belle vie, c'est une fille qui fait la vie, faire la messe, elle fait des ménages, faire une somme, faire un téléphone, etc.»

(M. Léandre Bergeron m'excusera d'avoir beaucoup ajouté à son énumération. C'est que d'autres exemples me venaient au fur et à mesure que je copiais les siens.)

Manger:
un luxe

Il m'arrive d'aller manger dans de grands restaurants de Montréal. Mon Dieu que c'est cher! Rien qu'à lire le menu, on en perd l'appétit... Heureusement, le service est si lent, dans ces grandes maisons «à la française», qu'on a le temps de retrouver l'appétit avant que les plats choisis ne se mettent à apparaître sur la table. Comme quoi la lenteur a du bon.

Finalement, on oublie le prix et on se délecte. À la fin du repas, le maître d'hôtel — le bec pincé et en «coat-à-queue» — vient vous demander: «Tout était à point? Vous êtes satisfait?»... «Parfait!», répondez-vous, le bec normal et en col roulé... Alors, le maître d'hôtel envoie l'un de ses esclaves vous porter la note. Celle-ci repose à l'envers dans un plateau qui vous est présenté à l'endroit. Vous prenez connaissance de l'addition et... «AYO-YE»!

L'idée vous vient alors de demander à l'esclave: «Excusez-moi, jeune homme, cette addition, c'est pour nous quatre ou pour la salle entière?» Et d'ajouter: «Je crois qu'il y a eu confusion; je n'ai pas offert la tournée à tout le monde ici présent.»

Mais vous vous abstenez, bien sûr, de tenir un tel langage. Après tout, vous êtes dans un restaurant chic et un homme du monde, dans un restaurant chic, se comporte en monsieur chic. Vous encaissez donc le coup avec un sourire de circonstance, vous sortez élégamment votre carte Master Charge et vous la tendez gentiment à l'esclave, en lui demandant de «bien vouloir, s'il vous plaît, ajouter 15 pour cent». Hi! hi! hi! Bye, bye, cher ami, ce fut délicieux.

— On vous reverra?
— Mais oui.
— Vous êtes toujours les bienvenus.

À ce prix-là, j'comprends!... 87 $ + 12,75 $ = 99,75$. Un «trente-sous» de plus et le cent y passait, dites donc!... Vous sortez du restaurant, le maître d'hôtel vous salue et vous avez envie de lui demander: «Pour la digestion, c'est combien?» Mais encore une fois, vous vous abstenez. Cela ne se fait pas. On est chic ou on n'est pas chic. On est homme du monde ou non. Vous remettez votre sourire de circonstance et vous quittez les lieux, tous les quatre, du pas qu'ont les millionnaires lorsqu'ils sont conscients que leurs gestes sont épiés. Et la tête haute, comme regardant vers leurs puits d'huile au Texas...

Quelques instants plus tard, vous vous retrouvez dans la voiture avec vos trois amis. Alors là, certains de n'être ni vus ni entendus, le naturel revient au galop. Ainsi que le langage particulier de chez nous.

— Tab..., Rufi. Dis-moi pas que ça t'a coûté cent piasses?

— Ça valait la peine, non?

— Host... que c'est cher!

— Oui, mais nous avons été servis à la française.

— À la française mon œil! Ils me reverront plus là de ma chr... de vie. Je commence à comprendre pourquoi il y a tant de monde qui va manger chez McDonald pis dans les autres affaires de même.

— Chez McDonald, tu ne peux pas discuter d'affaires sérieusement. Il n'y a pas d'ambiance. Il n'y a pas d'isolement.

— Okay! Mais, au moins, ils te chargent pas deux piasses du petit pois vert, sacram...

— Du calme, les gars!

— Facile à dire...

La monarchie
québécoise...

En cherchant, dans le bottin de Montréal, un numéro de téléphone, je suis tombé par hasard sur la liste nouvelle de notre royauté. Jamais un peuple, aussi anti-monarchiste que nous le sommes, n'a eu autant de rois! Des rois qui, à l'exemple de Louis XIV, se sont couronnés eux-mêmes et qui, maintenant se disputent le territoire québécois. Voyons voir cette liste de monarques et de quels termes barbares ils se sont parfois titrés:

Le roi de l'Alignement, le roi de Goulash... le roi de la Bière d'épinette... le roi de la Patate frite... le roi de la Radio... le roi de la Pizza... le roi de l'Entretien... le roi des Bas-culottes (un maniaque sexuel, sans doute)... le roi des Impôts (si j'étais lui, je ne m'en vanterais pas)... le roi des Nettoyeurs... le roi du Broadloom... le roi du Dépanneur... le roi du Fromage (un trappiste?)... le roi du Savon... le roi du Smoked-Meat... le roi du Sous-marin (on ne précise pas s'il est nucléaire)... le roi du Tailleur... le roi du Vêtement... le roi du Disque... le roi du Poisson (un roi qui joue aux courses?)... le roi du Hot-dog... le roi Vendeur de pièces (ça ne fait pas très chic, pour un roi, dites donc)... et le roi du Piquage (attention à votre porte-monnaie).

Il y a aussi, bien sûr, le roi des Bas prix (je n'ai pas vu son nom; aurait-il été déchu?). Et il faut ajouter à cela d'autres monarques, plutôt cachotiers, qui ont jugé préférable de ne pas faire inscrire dans le bottin leur numéro de téléphone privé: le roi du Bingo, par exemple... ainsi que le roi du Western, mais ici, il faut comprendre que la situation est délicate: ils sont six ou sept à se proclamer «roi du Western». Lequel l'est vraiment? L'affaire est confuse. J'ai toutefois ouï-dire qu'ils vont bientôt se déclarer la guerre — un tournoi de duels au pistolet sur la rue Sainte-Catherine — et qu'au dernier survivant iront les biens, c'est-à-dire le trône.

Une histoire à suivre...

Il y a aussi, que je sache, d'autres rois qui règnent dans certains milieux de la société québécoise, mais qui n'ont pas avantage à avoir pignon sur rue. D'ailleurs, ces derniers ne se sont pas sacrés eux-mêmes (honneur à leur modestie); ce sont les autres qui les ont sacrés. Ainsi, je pense au roi des Cautions (il règne au Palais de Justice et parle le français avec un petit accent arabe)... au roi des Doormen (pour frapper, il utilise le coup de poing américain: un rouleau de cinquante «trente-sous» dissimulés sous le poing fermé)... au roi des Jeans volés (il se promène de taverne en taverne, même s'il n'est pas un buveur)... au roi des Batailleurs de ruelle (seul Ti-Guy Émond possède son numéro de téléphone)... ainsi, bien sûr, qu'au roi des Cons (ça, il y en a une sacrée gang!).

L'homme
et les animaux

Avez-vous remarqué combien l'homme a tendance à s'identifier aux animaux? Cela semble viscéral. Il passe sa vie à se comparer ou à comparer les autres à des animaux, et ce, sans trop s'en rendre compte. Des exemples? Il y en a à la tonne.

Cervelle d'oiseau... Langue de vipère... Poilu comme un ours... Cuit comme un rat... Il porte un nœud-papillon... Chaud comme un lapin... Bec de lièvre... Nez de corbeau... Poule de luxe...!

Tête de linotte... Vif comme un poisson... Orgueilleux comme un paon... Il a un front de boeuf... Manger comme un cochon... Il a du chien dans le nez... Jaloux comme un pigeon... Faire l'autruche dans les salons... Hypocrite comme un chat...

Accoucher comme une chatte... C'est rien qu'une grande jument... Une vraie mère-poule... Grimacer comme un singe... Forcer comme un cheval... Fort comme un boeuf... En amour, une vraie chatte...

En affaires, c'est un rat... Peignée en queue de cheval... Salope comme une truie... Un vrai serpent... Étendue comme une morue... Un requin de la finance... Chargé comme un âne... Industrieux comme un castor... Sot comme un mulet...

Il rentre toujours en lion... Rouge comme un coq... Dormir comme un loir... Peureux comme un lièvre... Elle a un cou de girafe... Peigner la girafe (ne rien faire d'utile)... Elle n'est pas belle, mais elle a du chien... Rusé comme un renard... C'est rien qu'un chameau... Il y a du tigre là-dedans... Nager comme un poisson.

Lent comme une tortue... Une mémoire d'éléphant... Léger comme un pou... Curieux comme une belette... Friser comme un mouton... Bavarder comme une pie... Il répète tout, un vrai perroquet... Dégoûtant comme un rat... Se regarder comme chien et chat... Jouer au chat et à la souris...

Charogne comme un vautour... Chanter comme un pinson... Mon cousin s'est pris au serin... Grosse comme un hippopotame...

— M'aimes-tu, pitou?
— Oui, minou.

C'est rien qu'un chien sale... Nom d'un chien!... Un caractère de chien... Je lui promets un chien de ma chienne... On m'a reçu comme un chien dans un jeu de quilles...

Paresseux comme un âne... Fin comme une mouche... Fou comme braque... Vite comme une gazelle... Crier comme un putois... Le rossignol de la chanson... Mouillé comme un canard... Boire comme un cochon... Manger comme un poulet... Achalant comme une pieuvre... Nerveux comme un écureuil...

Et, pour la frime, cette expression joual bien de chez nous: «Mettre son char su'l'beu!»

«Quand il rentre chez lui en plein milieu de la nuit, je te jure qu'il n'est pas brave: il rampe comme un serpent.» Ou alors: «Mon député passe son temps à changer de couleur. Un vrai caméléon.» Et cetera, et cetera.

Encadrons les Newfies

Le Newfie s'amène à Dorval avec deux gallons de Crasy Glue:

— Bonjour, monsieur, je me cherche un job. Avez-vous des avions qui décolent?

•

— Allô, police?
— Oui.
— On vient de me voler ma voiture. Et sous mes yeux, à part ça.
— Avez-vous une bonne description du voleur?
— Non, mais j'ai réussi à prendre le numéro de licence!

•

C'est à la fin de février 1932 que Montréal a accueilli son premier Newfie. Il s'appelait John Doe. John était parti de chez lui en novembre 1931, alors qu'il jouait au hockey derrière chez lui, sur les glaces du golfe Saint-Laurent. Un moment donné, on lui a passé la rondelle et il est parti sur une échappée...

•

En jeep dans le désert, un Newfie frappe le seul arbre qui s'y trouve. Il recule, il le frappe encore. Il recule, il le frappe encore. Alors, il fait: «Ouais ben, j'suis pas sorti du bois!».

•

— Mme Whiting?

— Oui.

— J'ai quasiment rencontré votre mari, hier.

— Comment, quasiment?

— Votre mari est un policier?

— Oui.

— Son matricule, c'est 324?

— Oui.

— J'ai rencontré le 323...

•

On dirait une histoire de Newfie. Un homme se rend au magasin et commande cent livres de boules à mites. Étonné, le marchand fait:

— Vous ne trouvez pas que vous allez en avoir trop?

— Non, monsieur. Si vous saviez combien je vise mal!

•

Serge Savard raconte l'histoire de deux Newfies qui se sont présentés au Forum avec leurs cannes à pêche, après un exercice du Canadien, et qui se sont mis à creuser des trous dans la glace. Ils voulaient aller à la pêche aux petits poissons des chenaux!

•

S'agit d'un Newfie qui vient de participer, comme pilote, aux «500 milles» d'Indianapolis. Pour couvrir cette distance, il a dû faire 52 arrêts dans les puits de ravitaillement: cinq fois pour faire le plein, cinq fois pour changer de pneus et... quarante-deux fois pour demander son chemin!

PROPOS
SUR
L'AVIATION

Ah! qu'il est
haut, le ciel...

Quand le chroniqueur américain Lewis Grizzard, lui qui doit parcourir les Amériques dans tous les sens, avoue qu'il n'est jamais parvenu à maîtriser sa peur de l'avion, ça me fait chaud au coeur... Je me dis qu'il y a des gens beaucoup plus importants que moi — et beaucoup plus rompus à l'aéroplanage — qui n'arrivent pas à comprendre, eux non plus, comment quelque chose de si gros puisse monter si haut et s'y maintenir si longtemps, sans s'écraser.

D'écrire Grizzard: «J'en ai marre d'entendre mes amis me répéter que l'important, dans un avion, est de ne pas paniquer. Ne pas paniquer? Je panique en composant le numéro de téléphone de la compagnie d'aviation. Je panique en pénétrant dans l'aéroport. Puis, en vol, c'est Terror City à 30 000 pieds de toute civilisation.»

En avion, Lewis Grizzard ne mange jamais. «Pour manger, il faudrait que je lâche ma prise sur les deux bras de mon siège! Pas question. Je n'ose même pas parler à mes voisins. Il me faut le silence total, car je dois écouter attentivement le bruit des moteurs. Au cas où l'un d'eux s'arrêterait soudain...»

En lisant la chronique de Grizzard, je me rappelais le judicieux conseil d'un ami, pilote de ligne, qui me disait:

— Si jamais tu te rends compte que ton avion va s'écraser, enlève vite tes souliers...

— Oui.

— ... plonge ta tête le plus bas possible entre les jambes...

— Oui, oui.

— ... reste calme...

— Oui.

— ... et fais ta prière!

Suivez le guide

Un vétéran pilote d'un avion à moyen cours trouvait embarrassant qu'il n'y ait qu'une seule toilette pour hommes, dans un aéroplane contenant quelque soixante passagers. Alors, il ne régla pas le problème pour les passagers, mais le régla pour lui-même. Depuis, chaque fois qu'il désire aller au petit endroit, il allume l'affiche «Attachez vos ceintures», il attend une minute pour que tout le monde soit bien attaché, puis, après avoir confié les commandes à son copilote, il file, majestueux et seul en piste, vers la cabine de toilette!

Alors que l'avion venait de toucher le sol, l'hôtesse était à faire son petit boniment d'adieu aux passagers, lorsqu'elle aperçut — horrifiée — le pantalon du passager Plamondon descendu jusqu'aux souliers. «Monsieur Plamondon! fit-elle. Est-ce votre premier voyage en avion? Quand l'on dit aux passagers de détacher leur ceinture, on ne

164

parle que de leur ceinture de SÉCURITÉ, pas l'autre!»

Un DC-9, rempli à craquer, est à prendre son envol lorsque soudain, en passant au-dessus de l'asile d'aliénés de la ville, le pilote s'étouffe de rire. «Qu'est-ce qu'il y a de si drôle?» lui demande une hôtesse.

— C'est que je suis en train de penser à la commotion qu'il y aura dans ce bordel-là, en dessous, lorsqu'on va découvrir que je viens de m'échapper!

Son baptême
de l'air...

À 88 ans, mon grand-oncle Horace a décidé de monter en avion pour la première fois, afin d'aller assister au stampede de Calgary. On lui a donné des pilules contre le mal de l'air, il s'est envoyé un p'tit blanc derrière la cravate et allez donc, dans le 737! Tout seul comme un grand garçon, sa femme étant décédée l'an dernier. C'était il y a dix jours. Horace est revenu à Montréal avant-hier et nous avions très hâte d'entendre ses commentaires sur son baptême de l'air...

— Comment avez-vous trouvé ça, mon oncle?
— C'est confortable, mais on est un peu tassé comme au cinéma. Il y a des filles habillées en police qui se promènent dans l'allée centrale et qui vérifient à tout bout de champ si on a bouclé notre ceinture de sécurité. Des emmerdeuses! Mais, pour se faire pardonner, il leur arrive de nous offrir à manger gratuitement et à boire pour 1$ du drink. Il y en a même une qui s'est approchée de moi, tout sourire, avec un oreiller. Une canaille! J'ai dit non, je suis trop vieux...
— Des drinks, en avez-vous pris, mon oncle?

— Trois ou quatre, mais des tout petits. Juste pour chasser l'ennui, t'sais veux dire?

— Mon oncle!!! Vous n'avez pas honte?

— Un moment donné, j'ai voulu aller aux toilettes, j'ai essayé de me lever, mais j'ai vacillé. Alors, j'ai cru bon de me retenir jusqu'à Calgary.

On ne sait jamais si Horace dit vrai ou faux. Et s'il est aussi naïf qu'il en a l'air.

— Ça va vite, un avion. Hein, mon oncle?

— Pas tant que ça. On a atterri à Toronto, à Winnipeg, puis à Calgary, et le camion Shell était toujours rendu avant nous autres!

Ti-Toine
en aéroplane

Il rentre de Suisse, Ti-Toine... Apparemment, il est allé là-bas pour affaires. Un saut de trois jours qu'il me raconte dans une lettre pas mal drôle (j'ignorais qu'il était lui aussi craintif en avion).

«Je pensais voler en 747, mais Air Canada n'a pas voulu. Ça a l'air que ça adonnait pas. A fallu prendre Swissair et tu sais quoi? Ils ont seulement des DC-10 de Douglas-McDonald... la sorte d'avion qui perd ses moteurs en plein vol.

«Quand je suis venu pour embarquer là-dedans, à Mirabel, oups, là, j'ai dit à l'hôtesse:

— On peut-y faire le tour, à savoir si les moteurs sont ben attachés?

— Oui, oui, pas de danger. On a renforcé la broche.

— C'est-y de la bonne broche?

— La meilleure qu'on a pu trouver chez Pascal.

— Bon, okay, je vais prendre une chance... mais au premier craquement, je vous préviens: moi, je descends!

«C'est pas que je suis peureux en avion, c'est juste que je ne vivrais pas là-dedans 24 heures par jour. Mais quand il faut, il faut. Un gars ne peut pas aller en suisse en chaloupe. La seule chose que je fais: je *check* ma montre pendant les 70 premières secondes; paraît que c'est la période la plus dangereuse...

«Vers minuit, on a frappé une poche d'air. J'ai crochi... Hôtesse? On a-t-y encore tous nos moteurs? Oui, monsieur... Ensuite, comme pour nous calmer, on a présenté un film de 40 minutes sur les neiges éternelles de la Suisse. Plate à mort... Après le film, ils ont fermé toutes les lumières et le monde faisait semblant de sommeiller, même s'ils avaient probablement aussi peur que moi. Ça avait l'air d'un salon funéraire qui vient de fermer...

«Je suis finalement arrivé à Genève avec tous mes morceaux. Un gars m'attendait, en pleine nuit. Il m'a dit d'aller me coucher. Il avait l'air de ne pas savoir que c'est généralement ça qu'un Canadien fait, la nuit: il se couche... J'ai passé la journée suivante avec le gars: au restaurant, à son bureau, chez son avocat, à la banque, ça swignait.

«Là-bas, il y a quelque chose comme dix ou douze hommes clés qui contrôlent toute la business; mon hôte était l'un de ceux-là. Une espèce d'Allemand qui parlait à la française avec des mots américains... Au début, c'était non à ma demande d'emprunt. Mais j'ai insisté, discuté, argumenté. Finalement, il m'a dit: je vous aide, à condition que je devienne le président de votre affaire. Ah ben, tab..., si c'est rien que ça! (J'ai pas dit tab...).

«La nourriture, là-bas? Pas baisable... Les prix? Ben, là, on n'en parle pas. De deux à quatre fois plus élevés qu'ici. Un thé: 65 cents. Un petit déjeuner (café, croissants, un petit morceau de pain, du beurre et deux choix de confiture): 7 francs, donc plus de 5 $. Pour s'offrir un steak, faut être l'héritier d'un Arabe!

«J'ai bien aimé mon voyage quand même... en Suisse comme partout ailleurs dans le monde, les Canadiens sont reçus avec chaleur. Surtout les Québécois qui parlent les deux langues. Je ne comprends pas pourquoi. Ça serait-y qu'on est plus beau que les autres?... Je suis rentré à Montréal dans un autre DC-10, en compagnie de Michel Larue, un Français que j'avais rencontré à Genève. Michel avait la tâche de surveiller les moteurs de gauche; moi, ceux de droite. Au cas qu'ils tomberaient. Comme tu vois, Rufi, rien de fâcheux n'est arrivé. Mais je sais maintenant — car Michel et moi en avons discuté pendant deux heures, à l'aéroport de Genève — comment vaincre un requin de la finance et comment échapper (un DC-10 est si vite tombé) aux requins de la mer...»

Des Pâques en l'air...

C'était l'après-midi de Pâques, il faisait un temps radieux, la famille était absente et je m'ennuyais à mourir. Soudain s'amène mon Français de voisin: «Je m'en vais me balader en avion. Tu viens?» Eh bien, croyez-le ou non mais j'ai dit oui tout de suite. Fallait-il que je m'ennuie! Une fois arrivé au petit aéroport de Sainte-Thérèse, j'ai regretté mon geste carrément idiot mais il était trop tard: j'étais déjà installé dans le petit Cessna biplace et Paul avait déjà reçu par radio la permission de décoller.

(À propos, êtes-vous capable de m'expliquer comment les pilotes arrivent à se comprendre avec le poste de contrôle? C'est un charabia indescriptible, une communication perturbée par des sons de toutes sortes, enfin bref, c'est le bordel dans la cabine. Et pourtant, ça marche!)

Toujours est-il que nous voici en l'air et je me sens bien petit. Dans quelle galère me suis-je embarqué! C'est un biplace à deux commandes, c'est-à-dire que, devant moi, il y a tout ce qu'il faut pour piloter l'aéroplane si Paul tombe mort. Je le regarde: il a l'air en santé. Et il sourit de bonheur de se voir là-haut. Il jouit, le maudit Français, alors que moi, j'ai l'une de ces chiennes comme je n'en ai jamais vues dans aucun chenil. Soudain, je le vois qui descend...

— Qu'est-ce que tu fais?
— Nous allons faire un touch-and-go à l'aéroport de Saint-Hyacinthe.
— Un quoi?
— Tu touches le sol mais tu remontes tout de suite, tu ne t'arrêtes pas.
— Es-tu sûr que c'est prudent?

(Effectivement, nous avons touché le sol pendant deux secondes puis nous sommes remontés; je n'ai pas eu le temps de faire mon testament.)

Plus tard, à 2 500 pieds, en route pour les Laurentides, Paul a lâché les commandes et m'a dit: «C'est à toi de jouer.» — «Comment, à moi de jouer?» — «Prends les commandes; tu pourras dire que tu as déjà piloté un avion.» — «Tu es tombé sur la tête, non?»... «Prends!» Alors, j'ai pris. Mais je vous jure que je n'ai rien tenté d'excitant: je me suis contenté de maintenir l'aéroplane en place pendant dix secondes. J'avoue que l'ex-

169

périence m'a fait un petit velours mais c'est pas possible combien j'ai eu peur! S'il y avait eu une salle de toilette dans l'appareil...

Au-dessus de Saint-Jérôme, nous avons eu droit à un trou d'air. Bang! le Cessna qui tombe soudain de je ne sais combien de pieds. Heureusement que c'était le Français qui était aux commandes; moi, j'aurais tout foutu par terre.

Quand nous avons finalement atterri à Sainte-Thérèse, j'ai fait comme le pape: j'ai baisé le sol. Mon calvaire avait duré deux heures... C'est un sport de cinglés, dites donc, l'aéroplanage!... Qu'est-ce qui m'a pris?... N'empêche que, désormais, je pourrai me faire péter les bretelles et dire à mes enfants: «vous savez quoi? Papa a déjà piloté un avion!» Mais je ne leur révélerai jamais pendant combien de temps ni dans quelles circonstances...

De retour à la maison, je me retrouve fin seul. La famille n'est pas revenue du cinéma (n'en avez-vous pas marre de revoir «Les Dix Commandements»?) et je n'ai pas envie de lire. Soudain, oups par la fenêtre, j'aperçois la moto de Chantal qui repose contre un muret.

— Je ne suis jamais monté là-dessus, mais si j'essayais?

J'enfourche, je réussis à faire démarrer et me voici parti pour la gloire! Une voiture s'amène; nerveux, je vire et j'entre dans un parc aux chemins raboteux. J'accélère sans m'en apercevoir — j'aimerais bien m'arrêter, mais j'ignore comment —, les arbres me courent après et j'ai l'impression d'être sur un cheval en épouvante.

Me voici penché vers l'avant, couché sur le siège et les quatre fers en l'air. Ça y est, je vais me tuer. Alors, l'idée me vient de me saprer en bas, mais, juste à ce moment, ma main glisse sur la poignée de droite et la saprée moto s'arrête. «C'est donc là, les freins?»

Je vous jure que j'ai eu l'air d'un joyeux «oeuffe» de Pâques!... Comment ai-je réussi à garder mon équilibre, Dieu seul le sait et, d'ailleurs, je l'en remercie.

Si j'avais eu pris un verre, je me brisais trois colonnes vertébrales et six bras... Le pire, c'est qu'il y avait là une femme, promenant son bébé dans le parc, qui fut témoin de la scène — presque horrifiée, la pauvre — et de mes cascades burlesques. Lorsque je me suis finalement immobilisé, elle s'est approchée de moi, blanche comme un drap, et a dit:

— Conduisez-vous toujours de même?

J'ai pouffé de rire et lui ai répondu: «C'est rien, ça, madame. Vous avez manqué le meilleur: tantôt, je pilotais un avion!»

Je suis sûr qu'elle ne m'a pas cru. Pourtant...

COURTS
PROPOS
SUR
LE SPORT

Golf

Depuis quelques années, je jouais tellement mal, au golf, que j'avais presque abandonné. Mais, ces jours derniers, je me suis rendu à Lachute, au club Le Manoir, et Adrien Bigras a détecté mon grand défaut: je ne gardais pas mes yeux sur la balle. Le lendemain, confiant, je suis allé jouer à Mascouche, mais je n'ai pas été chanceux. J'ai trop pris au sérieux le conseil d'Adrien: «Garde tes yeux sur la balle.» Pendant que je gardais mes yeux sur la balle, je me suis fait voler mon sac!

* * *

L'an dernier, au club de golf Lorraine, Masson faisait partie d'un quatuor dont l'un des membres avait un peu beaucoup fêté, la veille. Il s'appelait Arthur. Et les réflexes d'Arthur, inutile de le préciser, n'étaient pas très aiguisés, ce matin-là.

Toujours est-il qu'il y avait plein de monde autour du tertre de départ numéro 1. Or, voici Arthur qui s'installe et qui frappe dans le beurre. «Strike one!», crie Masson. Arthur se réinstalle et passe encore dans le beurre. «Strike two!», crie Masson. Les curieux rigolent...

Et puis, alors qu'Arthur était à se réinstaller une troisième fois, Masson fit crouler la foule en criant: «Arrête de swinger, Arthur! Laisse-toi bâller!»

* * *

— Jean-Jules?
— Oui, Marie-Louise.
— Le printemps s'en vient, le golf va recommencer. Il y a une chose qui m'intrigue, qui me chatouille. Tu permets?
— Qu'est-ce qui t'intrigue, qui te chatouille?
— Pourquoi, l'été dernier, n'avez-vous pas joué au golf ensemble, Rufi et toi? Pourtant, vous êtes des cousins et de si bons amis!
— Tu veux le savoir?
— J'aimerais.
— Eh bien, je vais te répondre, Marie-Louise. Je vais te révéler pourquoi Rufi et moi, on ne joue plus au golf ensemble. Noir sur blanc. Pas de cachette. D'abord, je vais te poser une question: aimerais-tu ça jouer au golf avec un gars qui déplace sa balle quand tu ne regardes pas, qui sort du bois à bout de bras, qui met un tee sous sa balle dans une trappe de sable, qui prend des «mulligans», qui se donne des puts de cinq pieds et qui triche sur le nombre de ces coups?
— Non, vraiment, je n'aimerais pas ça. Faut que j'avoue, Jean-Jules je n'aimerais pas ça du tout; jouer avec un gars de même.
— Eh bien... Rufi non plus!

176

Basket

Les joueurs de basket-ball sont tellement grands, de nos jours, qu'ils ne lancent même plus vers le panier; ils passent devant et y déposent le ballon comme un gars qui met une lettre à la poste...

En Indiana, il y a un joueur collégial de 8 pieds. Pour empêcher l'adversaire de marquer, il n'a même pas besoin de bouger: il n'a qu'à planter sa tête devant le panier de son équipe...

Si je vous parle de basket-ball, c'est que je viens d'être nommé, à la surprise générale, Commissaire du basket-ball américain. Ma première priorité sera d'effectuer un changement aux règlements du jeu. Et j'ai deux choix: oubedon je fais hausser les paniers oubedon je fais raccourcir les joueurs!

Boxe

Certaines gens, moins familiers avec le milieu, s'étonnent que la presse fasse si souvent écho aux propos de Régis Lévesque. C'est qu'il est aussi sympathique qu'un écureuil et que, aussi, il pourrait faire s'esclaffer tous les moines d'Oka en leur pleine période de méditation.

C'est lui qui a dit qu'une doctrine, ça devait être un docteur en «trines»...

Vous savez comment Régis m'a décrit la boxe? Après qu'on lui eut dit que la boxe était un art mais un art dangereux, il a fait: «Ben non! Boxer, y'a rien là. T'as juste un gars devant toi, avec deux gros gants... Si les gars boxaient à poings nus, là ce serait *tough* (c'est pourquoi c'est ben plus *tough* dans les ruelles que dans l'arène)... Boxer, c'est de la ch'noutte. Viens pas m'achaler avec les amanchures à Paul Ohl... T'as juste le gars avec ses deux gros gants ben que trop gros, pis il n'a pas de couteau, pas de revolver... Ben plus! Le gars n'a pas le droit de te donner des coups de pied, pis il n'a pas le droit non plus de t'enfoncer son genou dans les gueurlots!

«Tu vois ben qu'il n'y a rien là. C'est pas dangereux pan-toute. À part de ça qu'à toutes les trois minutes, ils te donnent une minute pour te reposer. Tu vois pas ça dans les ruelles!

«T'as droit à de l'eau, t'as un *mouth-piece*, t'as un soigneur, t'as un gars qui te dit quoi faire, t'as toute, qu'est-ce que tu veux de plus? L'autre gars n'a même pas droit d'être plus pesant que toi!

«C'est tellement pas violent, la boxe, qu'à la fin du combat les gars vont s'embrasser! Vois-tu ça dans les ruelles?»

Billard

Affiché, dans une vieille brasserie de Montréal, angle Sainte-Catherine et Saint-Marc.

«Toute boule dérange perd son tour»;
«Toute les boules doivent être câllées à l'arbitre avant de jouer par leur numéro»;
«Le 2 pieds doivent rester, toujours par terre, et non se coucher sur la table»;
«On peut faire sa boule sur le kiss d'une autre boule»;
«Si la blanche tombe par terre sur la noire, même s'il joue safe, il perd la partie»;
«On peut faire une tribine avec la boule d'un autre»;
«Aucun joueur qui n'est pas dans la partie n'a pas le droit, et n'a pas d'affaire sur la table;

«Si un joueur fait une grosse et une petite, ou le visse versa, il a les boules qui en a fait le plus»;

«Sur la casse, il faut deux boules sur la bandes»;

«S'il y a trop de chialage, l'arbitre décidera.»

(Bon billard à vous tous!)

Natation

Aujourd'hui, on en rit, mais la situation aurait pu tourner au drame... Cela s'est passé au Lac-des-Îles. Une quinzaine de baigneurs s'amusaient dans le lac et sur la grève, lorsque soudain l'un d'eux cria aux autres: «Baquet coule! Baquet coule!» Baquet est le surnom d'un jeune homme d'environ vingt-cinq ans (rondelet, bien sûr) qui était pris dans une espèce de remous, incapable de s'en sortir.

Alors, Ti-Guy a plongé, a nagé vers Baquet à qui il a tendu la main, mais Baquet, dans son affolement, a entraîné Ti-Guy dans le remous. C'est là qu'on entendit: «Ti-Guy coule! Ti-Guy coule!» Pourtant, Ti-Guy est un très bon nageur, mais que voulez-vous, Baquet est plus fort que lui. D'autres baigneurs allaient-ils plonger? Dangereux, car Baquet allait probablement les entraîner tous dans le remous.

C'est alors que le Grand Sec (autre surnom) eut une idée géniale: il sauta dans une chaloupe, fila vers le remous, décrocha une rame et PAWE! sur la tête à Baquet qu'il mit K.O. d'un coup sec. Ensuite, Ti-Guy s'est emparé du corps inerte et, aidé par le Grand Sec, il a réussi à le sortir du remous et le ramener à la rive. Petites tapes dans la gueule de Baquet, respiration artificielle par mesure de sécurité, voilà Baquet sauvé! Et Ti-Guy aussi, va sans dire...

Lorsque Baquet reprit ses sens (on dit qu'il a surtout celui de l'humour), il a fait: «Qui c'est, le maudit qui m'a assommé?» C'est le Grand Sec d'Orléans. «Es-tu là, le Grand Sec?» Oui, je suis là. «La prochaine fois que tu m'assommeras, veux-tu pas faire ça avec une rame de chaloupe!» Avec quoi veux-tu que je t'assomme? «Apporte-moi un dix-onces de cognac!»

Baseball

André Mailloux, mon ami de Rivière-du-Loup, ne porte pas les arbitres du baseball dans son coeur. La preuve en est la loufoque histoire qui va suivre, qu'il m'a racontée et que je vais vous refiler. Vous êtes prêts? Bon. Tenez bien vos tuques!

On est à Philadelphie, à la fin de la 9e manche. Les Expos mènent 1 à 0.

Dernière chance au bâton pour les Phillies qui ont trois hommes sur les buts... mais avec deux retraits! Et Pete Rose est au marbre avec trois balles et deux prises à son compte. Est-ce qu'il sera important, le prochain lancer de Steve Rogers, non? Capital!

On raconte qu'un soir, après un match qu'il avait perdu de justesse, Bill Lee aperçut l'arbitre du marbre, dans un corridor du stade, et qu'il l'interpella:

— Où est ton chien?

— Mon chien? Je n'ai pas de chien.

— Ah ben, *son of a gun*! T'es le premier aveugle que je rencontre qui n'a pas de chien!

* * *

Le rêve d'une foule de joueurs de baseball, une fois leur carrière terminée, est d'acheter un «drug store»...

* * *

On ne prête qu'aux riches, c'est connu.

Ainsi, on prête beaucoup à l'ex-lanceur gaucher des Expos. Le mot suivant, par exemple.

Un soir, Bill Lee est au monticule, les buts sont remplis et il n'y a aucun homme de retiré. Affolé, Gary Carter s'amène à lui et fait:

— Attention, Bill, c'est dangereux: ils ont un homme sur chaque but.

— So what? Nous autres aussi, on en a un sur chaque but, non? Ça fait 3 contre 3! Relaxe...

* * *

— Aie, papa? Qui c'est, l'homme en bleu, derrière le marbre?

— C'est l'arbitre, fiston.

— Pourquoi il porte un masque en fer?

— Pour empêcher les joueurs de le mordre!

* * *

Alors, le receveur Gary Carter demande un arrêt du jeu, se rend au monticule et dit à Steve Rogers: «Fais ta motion comme d'habitude, fais ton élan, pitche, mais garde la balle cachée dans ton gant. Je m'occupe du reste! Okay? Okay.»

Alors, Rogers s'exécute... il «lance» en gardant la balle dans son gant... Carter frappe de toutes ses forces dans son gant à lui... et l'artibre crie: «STRIKE OUT-T-T-T-T-T-!» Le match est terminé, les Expos gagnent, mais il y a Pete Rose qui se met dans tous ses états, qui lance son bâton dans l'abri, qui lève les mains au ciel et qui crie à l'arbitre:

— Est-tu aveugle, oui?

— Je ne pense pas.

— Tu l'as vue, cette balle-là?

— Très bien.

— Mange d'la... tu l'as jamais vue! Cette balle était en dehors par au moins un pied!

*   *   *

San Francisco est la capitale nord-américaine des homosexuels. On dit qu'il y en a 200 000 au bas mot. Ce n'est pas rien. Et qu'il en arrive au moins une dizaine de milliers d'autres par année. Qui s'y mamourent au grand jour, sans attendre le clair de lune (au grand désespoir de Debussy).

J'imagine que les homosexuels — hommes et femmes — sont avides de sensations fortes et que, s'ils ont choisi San Francisco, terre promise des tremblements de terre, comme capitale, c'est dans l'espoir d'y pouvoir un jour «se faire brasser à tour de bras». C'est peut-être cela, le paroxysme de la jouissance, qui sait!

En tout cas, si je jouais au baseball et si j'étais repêché par les Giants de San Francisco, j'y songerais deux fois avant de traverser le Golden Gate Bridge. Je regarderais d'abord si le pont est toujours là!

Hockey

Le port obligatoire de la grille protectrice, au hockey amateur, rend maintenant ce sport tellement sécuritaire qu'Ellis Valentine pourrait bien se mettre à jouer à cela... À condition, bien sûr, qu'on ajoute une autre (et dernière) pièce d'équipement: un protège-fesses... Qu'en penses-tu, Jean-Maurice?

Si la fièvre d'«over-security», comme disent les Américains, se propage jusque dans le hockey majeur, on verra bientôt des filles dans la ligue Nationale. J'entends déjà Lecavalier.

«Lafleur passe à Jacqueline Moisan qui remet à sa soeur, au centre... Thérèse Moisan tente de contourner Bobby Clarke, mais ce dernier enlève la rondelle à Thérèse... et voici Clarke qui file en zone du Canadien, il tricote bien... il s'avance, tente de lancer mais oh! un beau repli de Larry Robinson... Robinson remet à Jocelyne Bérubé qui tente de se frayer un chemin entre Tiger Williams et Nicole Petrucci... Jocelyne perd la rondelle, c'est maintenant les Flyers qui attaquent, Jimmy Frazier et Brigitte Masterson en tête... le lancer! Herron fait l'arrêt et il retient la rondelle dans son gant...

«Ouf! commencement de bagarre, là-bas, dans le coin!... Steve Shutt et Marilyn Taylor! Marilyn donne une tape sur les foufounes de Steve! Steve crache dans la grille protectrice de Marilyn! Celle-ci fond en larmes! L'arbitre interviendra-t-il? Oui! C'est ce qu'il fait... Mais Shutt est un gentleman: il aide Marilyn à se débaver le visage, il lui demande pardon et celle-ci, manifestement, accepte les excuses du célèbre ailier gauche du Canadien... Les deux enlèvent leur grille et s'embrassent. Comme dirait Jean-Pierre Roy: c'est ça, le hockey.»

New York

NEW YORK — Ici, tout finit en «ets». Vous avez les Mets, au baseball; les Jets, au football; les Nets, au basket-ball... Si vous fouillez plus loin, vous avez les Vets (les vétérans), les Pets (les vendeurs de petits animaux) et les Bets (les preneurs au livre)... Bientôt, ai-je ouï-dire, il y aura les Sets, qui feront partie d'une ligue nationale de tennis.

Si jamais une ligue de natation se forme, New York sera très vraisemblablement représentée par les Wets (peut-on être plus mouillé que dans une piscine?).

Je viens de lire, dans un journal, que le maire de la métropole américiane, dont j'oublie le nom — celui du maire, pas celui de la métropole — déplore le nombre effarant de prostituées dans sa ville. La mode des «ets» étant ce qu'elle est, monsieur le maire finira sûrement par les appeler les Tets...

LES
PERLES
DE NOS
JEUNES

Un prof de Tracy, Laurent Delainey, qui enseigne à Sorel au niveau du secondaire, s'amuse de temps à autre à me faire parvenir les perles de certains de ses élèves. Vous vous souvenez peut-être d'en avoir lu. Or, M. Delainey vient de m'en envoyer d'autres. Au fait, il y en a tellement que j'ai dû faire un tri.

Vous êtes prêts? C'est un départ, it's a go!

«Faites une phrase avec le mot...». ÉLOGE. Réponse: «Quand j'ai eu un beau bulletin, j'ai fait l'éloge de mon père.» PÉTALE. Réponse: «Il ne faut jamais trop peser sur la pétale à gaz.»

QUESTION: «Qu'est-ce qu'un infarctus?» RÉPONSE: «Une violation contre la loi.» QUESTION: «Qu'est-ce qu'une nourrice?» RÉPONSES: «Femme qui donne aux enfants leur bouteille»... «garderie pour enfants»... «femme de chambre de la reine quand elle était bébé». QUESTION: «Qu'est-ce que l'antiquité?» RÉPONSES: «Un vieux meuble»... «qui date d'un million d'années»... «une statue des Grecs»... «ça fait longtemps, longtemps».

Autres définitions...

FEMELLE: «une fille animal»... «les femmes en général».

VERGER: «gardien de vaches». PROBLÈME: «c'est quand on a de la misère avec ses parents»... «c'est mathématique». TÉTINES: «le bout des sains»... «partie tendre de la truie»... «genre de petites suces»... «maladie des organes génitaux».

EMPIRE: «grosse bâtisse à New York, je l'ai visité»... «féminin d'empereur»... PUBERTÉ: «un enfant né jeune»... «période qu'ont les dames et les jeunes filles»... «personne de l'enfance qui se pense à l'adolescence»... «temps des menstruations chez la femme»... «ce qui a rapport au sexe».

DÉSAFFECTION: «action que l'on fait quand on nettoie un bobo». AUSPICE: «grand édifice pour les vieux». PRÉTEUR: «Homme qui prête de l'argent»... «vous avez fait une faute: vous avez mis un accent aigu au lieu d'un accent circonflexe. Là, je vous ai par la ganse!». CHARCUTIER: «homme qui charcute»... «homme qui tient un commerce de pâtisseries françaises».

QUESTION: «Qu'est-ce qu'une maladie vénérienne?« RÉPONSES: «sorte de virus que la femme transmet à l'homme»... «on prend ça dans la salle des toilettes»... «maladie que les docteurs opèrent par le ventre»... «maladie causée par les vers»... «quand quelqu'un fait l'amour avec un animal»... «maladie qu'on attrape par certaines postules sexuelles anormales».

QUESTION: «Quelle ville fut engloutie par le Vésuve?» RÉPONSE: «Pont-Pays». QUESTION: «Quel écrivain a fait le récit de l'éruption du mont

Vésuve?» RÉPONSES: «Plaine le Jeune»... «Flint le jeune»... «Jeune le Flaine»... «Flemme le Jeune». QUESTION: «Qu'est-ce qui descendait du Vésuve?» RÉPONSES: «de la larme»... «une larve»... «tout le monde qui était là avant que ça commence à descendre» (Note de l'auteur: celle-là, je pense que c'est la meilleure!).

MÉCÈNE: «homme qui a beaucoup de cennes»... LE HÂLE: «entrée d'un hôtel»... MOBILIÈRE: «auteur français de pièces de théâtre»... CÉSARIENNE: «qui a rapport à César».

Quelques extraits de compositions: «le soleil se lève quand il fait beau»... «j'aime mon père et sa mécanique»... «le coup tomba sous la hache»... «j'ai lavé mes mains dans le signe».

Un élève, à qui le prof avait demandé comment on appelle un vaste endroit fermé où l'on cultive des centaines de milliers de fleurs, répondit: «un jardin britannique».

Le masculin de génisse? «Génie». Celui de marraine? «Marin». Le féminin de gendre? «Grue».

Lu dans d'autres compositions: «il se poignarda d'un coup de poignard»... «elle aimait faire la grâce matinée»... «il a allumé le poil à bois»... «tous, heureusement, étaient saints et sauvés»... «car il portait un oeil de vite»... «il fonça les sourcils»... «il est alors allé travaillé dans l'Article»... «une fois vieux, on l'a nommé au céna»... «sa femme était fière de ce brave cultivateur, car il la bourrait sans jamais se fatiguer»... «ils ont éteint le feu avec des sots d'eau»... «Néron pleurait dans un lacrimatoire»... «ma grammaire était à l'hôpital».

Bien sûr, il s'agit parfois de fautes d'attention, de la part de l'élève, mais quand même! Peut-on être distrait à ce point? Qu'est-ce qu'une lingerie? Un élève répond: «magasin où mon père va s'habiller»... Être désordonné, c'est quoi? Réponse: «c'est un prêtre qui a été ordonné prêtre mais qui a décidé de défroquer»... Dans quelle mer baignent l'Iran et la Russie? Réponse: «la mer Gaspésienne» (au lieu de Caspienne)... Vienne est la capitale de quel pays? Réponse: «l'Autruche».

Il y a aussi les élèves qui présentent de faux billets pour motiver leur absence. Ainsi, celui-ci: «Mon fils n'a pu aller à l'école, hier, car il était très malade. J'avais mal aux dents.» Comment se trahir, n'est-ce pas?

Je ne vais évidemment pas passer ma vie à vous faire part des résultats des sondages des profs, auprès de leurs élèves (même si vous semblez aimer cela), mais il est amusant d'en tirer deux sont le premier vient de Québec, où le prof de secondaire IV (environ 15 ans, les élèves) a demandé: «À quand remonte la constitution canadienne?» Réponses:

À 1867	7
À 1534	5
Je ne sais pas	5
À Sire Wilfrid Laurier	2
À MacDonald	2
À l'Angleterre	1
Ça ne m'intéresse pas	1
À nos découvreurs	1
Question stupide	1
À Jacques Cartier	1
À l'an dernier (?)	1

Question: «Je vous ai déjà parlé, en voulant vous préparer à des cours supérieurs, de la théorie de la rela-

tivité. Or, quel est cet Allemand qui l'a inventée?»
Réponses:

Je ne sais pas	9
Einstein	9
Eisenhower	2
Je suis mêlé	1
Un Allemand	1
Je n'étais pas là	1
Me prenez-vous pour un fou?	1
Truman	1
Le Conseil économique du Canada	1
So what?	1

Un autre prof (et celui-ci est un ami intime) a demandé à ses élèves d'un secondaire 4 de Montréal: «Qui fut le roi-soleil?» Réponses:

Louis XIV	17 (Attaboy!)
Napoléon	4
Je ne sais pas	4
C'était un pape	1

Autre question: «Thérèse Casgrain vient de mourir. Qui fut-elle?» Réponses:

Je ne sais pas	14
Une sénatrice	8
Une ministre	2
Une défenderesse des droits de la femme	1
Une défenseuse des droits des femmes	1

Question posée à des élèves (moyenne de 12 ans) du secondaire 1 d'une école publique: «Qui est le Premier ministre du Québec?» Réponses:

René Lévesque	15
Pierre Trudeau	7
Jean Drapeau	1
Claude Ryan	1

Autre question aux mêmes élèves: «Qui a découvert l'Amérique?» Réponses:

Christophe-Colomb	14
Jacques Cartier	4
Maisonneuve	2
Vespusius (?)	1
Jean Talon	1
Les Indiens	1
Les Iroquois	1

Troisième question (et là, le prof a voulu s'amuser): «À quel sport associez-vous Guy Lafleur?» Réponses:

Au hockey	21
Au baseball	3

(Le blond Dieu pourra toujours se consoler: il est plus connu, dans ce milieu, que René Lévesque et Christophe Colomb!)

Question posée aux étudiants d'une première année de cégep (17, 18 ans): «Le Parti québécois est-il à gauche ou à droite?» Réponses:

À gauche	8
À droite	8
Je ne comprends pas	7
À gauche de quoi?	1
Cela dépend	1
Je n'ai jamais vu l'Assemblée nationale	1
C'est le parti des jeunes	1
Ce sont des communistes	1

Autre question aux mêmes cégépiens: «Dans quoi brilla Georges Brassens?» Réponses:

Dans la chanson	14
Dans la politique	3
Dans les sciences	3
Je ne sais pas	3
Dans le cinéma	1
Dans les vues	1
Dans l'architecture	1
Dans les arts plastiques	1
Dans les sciences occultes	1

Dernière question à ces mêmes jeunes gens, question-piège, bien sûr: «Notre province de l'Alaska englobe-t-elle le Yukon?» Réponses:

Oui	12
Non	2
L'Alaska est un État américin	7
Je ne sais pas	7
C'est le Yukon qui englobe l'Alaska	1
L'Alaska est un pays majoritaire	1

Et vous me demandez pourquoi ma grand-mère est malade? Et pourquoi mon chien a déjà eu des puces et que ses puces n'ont jamais eu de chiens? Il y a des choses, dans la vie, qu'il ne faut pas tenter de comprendre...

Question à des élèves du secondaire II: «Le Moyen-Âge, où le situez-vous?» Réponses:

Entre l'an 476, lors de la chute de l'Empire romain, et l'an 1492, lors de la découverte de l'Amérique	2
C'était vers l'an 1000	2

Je ne sais plus 8
C'était à l'époque des trouvères,
    des troubadours 1
C'était quand les armées partaient pour
    des guerres saintes: On y faisait la guerre
    à cheval 1
On n'a pas étudié cela 3
Je n'étais pas là 1
Il y a bien longtemps 2
En l'an 1200 1
Vers l'an 1300 1
(Pas de réponse): 3

Encore au secondaire II. Question: «Je vous ai
parlé de paléontologie. Qu'est-ce que c'est?» Réponses:

L'étude des fossiles 14
La vie des fossiles 7
La vie des bibites 2
C'est trop compliqué 1
J'ai oublié 1
Comment sont nés les faux cils 1

Même classe, même heure, même endroit, même
quiz. Un mois après leur avoir parlé des pongidés (la
famille des singes), le prof demande: «Les pongidés,
c'est quoi?» Réponses:

Des singes 12
Des ora-outangs 1
Des gorilles 3
Des chiens panzés 1
Des éponges 1
Je ne me souviens pas 4
Des quoi? 2
Des wistiti 1
Des serpents, je pense 1

Question: «Darwin s'est illustré par quoi? Répondez brièvement.» Réponses:

Il était un naturaliste 7
Il était un observateur des singes. 5
Il vivait aux îles Galapados 2
Il a découvert que l'homme et la
    femme venaient du singe 2
Il a fondé la théorie évolutionniste 1
C'était un Anglais 1
Je ne sais pas. 4
C'était un savant 2
C'était un Australien 1
Il y a des gens qui ne croient pas
    en ce qu'il a dit des singes,
    dont mon père (!!!) 1

LES
DÉFINITIONS

SOCIALISME: j'ai deux vaches et j'en donne une à ma voisine.

COMMUNISME: j'ai deux vaches, le gouvernement me les prend et me donne le lait.

FASCISME: j'ai deux vaches, le gouvernement me les prend et me vend le lait.

ASSURANCES: ce qui vous tient pauvre toute votre vie afin que vous puissiez mourir riche.

POTEAU: grand morceau de bois planté dans la terre. Il sert aux employés d'Hydro-Québec, en haut, et aux chiens, en bas.

CAPITALISME: j'ai deux vaches, j'en vends une et j'achète un boeuf.

NAZISME: j'ai deux vaches, le gouvernement me les arrache et m'assassine!

MARTEAU: instrument de bricoleur servant à frapper sur des clous et des doigts.

ÂGE MOYEN: celui où les cheveux grisonnants d'une femme passent soudain au noir...

MAINS: généralement placées au bout des bras. Les patrons les placent souvent en bas du dos de leur secrétaire. Permettent d'avoir quelque chose pour mettre des gants dessus.

MENOTTES: objet qui permet à un bandit de nouer de solides contacts avec un policier.

ALCOOL: tue les vivants et conserve les morts.

BLAGUE: on y met du tabac... ou de l'esprit.

ENFANT: fruit qu'on fit.

RACCOURCI: quand on le connaît mal, la plus longue distance d'un point à un autre.

QUINTE: terme musical si connu que même ceux que la musique n'intéresse pas l'utilisent lorsqu'ils toussent...

JEUNE DÉLINQUANT: problème majeur d'un mineur.

MAJEUR: un grand doigt. MINEUR: un petit doigt. AILLEURS: les autres doigts.

MARIAGE: entente horizontale entre deux gens généralement verticaux.

AMOUR: «On dort si bien après», dit-on. Parfois avant. Mais rarement pendant...

PROSTITUÉE: Observatrice de plafonds.

DÉMENCE: Un Québécois sur cinq fait de la folie. Or, la prochaine fois que vous serez dans un groupe de cinq personnes, observez attentivement les quatre autres. S'ils vous paraissent tous sains d'esprit, méfiez-vous de vous!

DIRECTEUR DE FUNÉRAILLES: Homme qui sait avoir l'air triste, lors de l'une de ses funérailles à 5 000$.

ARABE: Homme qui, après être sorti du lit le matin, transporte son drap sur lui pendant toute la journée.

CHANTEUR D'OPÉRA: Homme qui reçoit un coup de poignard en plein coeur et qui, plutôt que de mourir, se met à chanter.

GENOU: Homme qui a la tête de Jean Drapeau...

BANQUE: endroit où obtenir de l'argent à la pointe du revolver.

GAFFE: repêcher une belle jeune femme, tout en noyant son mari.

LA BIBLE: ne fait pas le moine...

BOUTEILLE: selon les patrons, c'est là une bonne affaire à liquider.

VIERGE: la petite fille la plus laide de la classe, en secondaire III.

ÉNERGIE NUCLÉAIRE: science. Science qui permettra à tous les hommes de la terre de «brûler égal».

LUNE DE MIEL: «Corps à corps au cours duquel tous les coups bas sont permis...»

Une femme qui vient de la Beauce: une Beauceronne.

Un homme qui vient de la Beauce: un Beauceron.

Un homosexuel qui vient de la Beauce: un Beaucerin.

PATRON: homme qui sort du bureau, le soir, avec un mal de genoux. Sa secrétaire en sort avec un mal ailleurs...

MARIAGE: «Le mariage n'est pas, comme on le dit, un coup de dés. Aux dés, le gars a une chance...»

ACCORDÉON: instrument de musique qui fait penser à une carte routière. Il fait beaucoup de bruit quand on tente de le replier.

DENTELLE: femme d'un dentiste.

DENTIER: mari d'une femme dentiste.

EAU: liquide transparent recommandé par les AA. L'eau à boire nous parvient par robinet. Elle provient de lacs et de rivières. Au Québec, il y a deux sortes de lacs et de rivières: les très sales et les pollués.

OBSERVATRICE: femme italienne mariée au célèbre Osservatore Romano.

TABARNAK: (Voir le théâtre de Michel Tremblay.)

COUP DE PIED DANS L'CUL (Voir le théâtre de Michel Tremblay.)

ENFANT: petit être humain qui a la manie de toujours se poster entre son père et l'appareil de télévision. La mère d'un enfant peut être aussi un chien femelle. C'est alors que l'on peut dire de lui, sans risquer de commettre un écart de langage, qu'il est un enfant de chienne.

NEZ: sert à sentir ou à snober. Sert aussi à supporter des lunettes.

VENDEUR: homme capable de convaincre sa femme d'avoir de la peine pour la fille qui a oublié ses gants dans sa voiture...

VOLEUSE: femme d'un voleur.

POURBOIRE: don volontaire... mais, on le sent très nettement, à regarder la face du serveur ou de la serveuse, don obligatoire.

BILLETS: les femmes en veulent d'amour; les hommes de banque.

ÉPITAPHE: quelques vers savants sur beaucoup d'autres qui ne le sont pas.

LE BRAS: le membre que l'on offre aux dames sans qu'elles s'en offusquent.

FEMME REMARQUABLE: 38-24-34.

HOMME REMARQUABLE: (Note de l'auteur: «Censuré»)

HABILE: homme qui «déboule» un escalier, verre de bière à la main, mais qui n'en échappe pas une goutte.

ARBRE GÉNÉALOGIQUE: dessin de l'institut Drouin. Comment découvrir, pour quelque 10 000$, que tous vos ancêtres étaient des «bums».

INFLATION: c'est de réaliser que le pourboire que vous laissez aujourd'hui à la serveuse, c'était le prix du repas il y a quinze ans.

PHÉNICIENS: ancien peuple qui vivait sur la côte est de la Méditerranée, une région très chaude. Ce sont eux qui ont inventé les stores phéniciens...

FOOTBALLEURS: athlètes qui sont toujours en désaccord, c'est pourquoi ils passent 90 pour cent de leur temps à faire des meetings de production, tout en montrant leurs fesses aux spectateurs. L'Église bénit le football... à cause des convertis, pas des touchés.

L'AIR: un mélange d'oxygène et d'hydrogène. Dans les villes, on ne le retrouve que dans les pneus et les ballounes. Parfois aussi dans les politiciens.

VOLONTÉ: ce dont fait preuve une personne qui, assise devant un plat de pinottes salées, n'en mange qu'une seule.

PEINTURE MODERNE: vieille femme trop maquillée.

POLICIER: sifflet avec un homme au bout.

RAID: ce que font les policiers et que détestent les maringouins.

BALLOUNE: ballon que soufflent les enfants... Ce que frappe généralement Chris Speier... Ce que certains de mes confrères «partent sur une», le vendredi soir.

ADULTE: mari d'une femme adultère.

ACROBATE: bat de baseball fabriqué à Acro.

ADJACENT: ce que sent un adja...

NETTOYEUR: homme qui fait sauter les boutons de vos chemises.

JEANS: genre de pantalon qui, si porté par une fille ayant dans sa poche une pièce de 25 cents, nous permet de deviner si c'est pile ou face.

CHAUVE: homme à qui les films d'horreur ne font pas dresser les cheveux.

CHANTEUR D'OPÉRA: homme qui cri AU SECOURS en chantant.

(Avez-vous remarqué que quand le soprano colorature se met à chanter «a» — et se met aussi à faire des variations sur le «a» — le public est pogné pour cinq minutes?)

L'opéra est aussi le seul théâtre où les interprètes, même s'ils sont des Américains ou des Canadiens français, se parlent en italien...

SOLITUDE: habituellement, on dit «deux solitudes»... Les «Anglais» et les «Français»... Les gens mariés depuis une vingtaine d'années... René Lévesque et Pierre Bourgault... Pierre Elliott et sa Margaret... Gilberte Côté-Mercier et le sens de l'humour.

PING PONG: explorateur japonais qui décédera en 2119.

PLANÈTE: corps céleste que les hommes aiment découvrir. Les maîtresses sont des planètes...

LE GRAND ART: on exagère souvent, côté inventivité des artistes célèbres. Ainsi, prenez le cas de Michel-Ange. Ses services ayant été retenus par le Vatican, il a mis des années à peindre le plafond de la chapelle sixtine. Quel con! S'il avait fait

204

cela au rouleau, il n'aurait eu besoin que d'une fin de semaine...

ATHÉE: personne qui ne croit pas qu'il y a, de l'autre côté, un Paradis. C'est ainsi que récemment, dans un salon funéraire, on a entendu un athée déclarer: «Regardez-moi ce pauvre Gaston. Quelle pitié! Il est là, tout propre dans son tuxedo, et même pas de place où aller!»

BAZOU: Voiture dont le seul morceau qui ne fait pas de bruit est le klaxon.

B.A.: signifie, pour un scout, qu'il lui faut faire sa bonne action quotidienne. Ainsi, il arrachera sa pipe à un fumeur de pot... B.A. signifie aussi «bachelier ès arts». L'utilité d'un baccalauréat ès art est qu'il vous permet d'aller travailler au salaire minimum pour un patron qui n'est jamais allé à l'école.

PIÉTON: monsieur automobiliste qui croyait, dur comme fer, qu'il avait encore assez d'essence pour se rendre à la maison.

NOMBRIL: ceux qui portent le drapeau, dans les parades, l'ont... descendu.

ROUGE À LÈVRES: invention moderne qui donne une nouvelle saveur à un vieux passe-temps.

CINÉ-PARC: endroit où les films sexy de l'écran géant sont très inférieurs à ce qui se passe dans les voitures.

BORDEL: juron français. Il faut mettre une apostrophe après.

CÉLIBATAIRE: homme qui n'arrive jamais du même appartement, lorsqu'il se présente au bureau, le matin. Homme généralement essoufflé. (Il a tant à faire.)

BALEINES: on en trouve dans les océans et les corsets de nos grands-mères en portaient.

AGNOSTIQUE: terme familier. On l'emploie lorsque la cousine Agna vient à la maison et qu'elle «stik» là pendant trois jours.

AÉROPORT: endroit que l'on met une heure à atteindre et où l'on attend pendant deux heures, afin de pouvoir se rendre à Québec en une demi-heure.

CHIEN: le meilleur ami de l'homme. Son meilleur ami à lui est le poteau.

JUMELLE: la femme d'un jumeau.

DROMADAIRE: homme qui a la bosse des affaires. Ainsi, Pierre Péladeau est un dromadaire.

Définition... nouveau genre

Patrick Coppens, critique et humoriste montréalais, vient de publier un petit recueil fort amusant intitulé: *Ludictionnaire*. Il s'agit de 298 définitions énigmatiques, polissonnes, drôles. Quelques exemples?

ALCOOLISME: Chassez le naturel, il revient au goulot.

CHRONIQUE: Maladie de journaliste.

EUNUQUE: Décapitation.

HOMOSEXUEL: Croque-monsieur.

JOUAL: Patois mondain.

POLLUTION: Tous les égouts sont dans la nature.

QUÉBEC: Hostie-nation. (!).

En somme, le *Ludictionnaire* est un dictionnaire des idées suggérées par les jeux de mots. Dans sa dédicace, l'auteur, Patrick Coppens, me révèle quelques inédits de sa prochaine édition:

TRUDEAU: En effeuillant les Margaret.

NATIONALISME QUÉBÉCOIS: La modération a bien meilleur Groulx.

COMMERCE: Jeu de cash-cash.

FEMME DE PEINTRE: Belle à croquis.

Amusant, n'est-ce pas? (Ed. Triptyque. Distribution Messageries Parallèles.)

CE
BON
SAINT JOSEPH!

Voici quelques extraits de lettres adressées à l'Oratoire du mont Royal:

«Mon garçon souffre d'un complet d'infurieusité.»

«Je demande la guérison de ma santé.»

«Je suis attaqué par l'angine de poitrail.»

«Je vous envoie 1$ pour l'âme du purgatoire de mon père.»

«La grâce d'une bonne mort pour mes parents vivants.»

«Je recommande à vos prières les âmes des fidèles de Sainte-Adèle et de Sainte-Marguerite abandonnées.»

«J'ai des cailloux sur les deux rognons.»

«Le frère André m'a guéri d'un embargo.»

«Merci du retard que je vous ai causé.»

«J'ai obtenu la faveur d'avoir des enfants de saint Joseph.»

«J'envoie 2$. J'aime ça. Faites que ça dure.»

«Deux messes pour les ombres les plus délaissées.»

«Est-ce déjà arrivé que le frère André ait fait repousser une jambe?»

«Je fais de la haute pression artificielle.»

«Le frère André ne parlait pas anglais. Comment s'arrangeait-il pour guérir des Américains?»

«Je vous fais parvenir 1$ pour mettre le toit sur la chapelle.»

«Je demande à saint Joseph de guérir mes jambes d'évariste.»

«Il faudrait que le frère André se dépêche, parce que je vais mourir bientôt.»

«Merci à saint Joseph de sa maternelle protection.»

«Vers quelle heure, le soir, le frère André entrait-il en communication avec saint Joseph?»

«J'envoie 1,50$ pour que vous terminiez la monumentale basilique.»

«Une opération serait très risquée, vu qu'elle est mal placée, mais je ne peux pas vous dire où, c'est trop gênant.»

«Voici un dollar pour que le frère André monte sur l'hôtel.»

«J'ai une faiblesse de pine dorsale.»

«J'aimerais que le bon frère André soit colonisé au plus tôt possible.»

«Protégez mon ange-gardien.»

«Ci-inclus 10$ pour une messe en latin de la part de ma femme. J'ajoute 5$ pour moi pour une messe en français.»

«S'il me guérit de ma jambe, je promets d'aller mettre mes béquilles en ex-photo.»

«Je n'ai pas monté toutes les marches à genoux. J'ai triché pour une vingtaine, parce que j'avais mal aux épaules.»

«Je demande à saint Joseph de venir chercher mon mari aussitôt qu'il le jugera bon.»

«Tout ce que je n'ai pas aimé, c'est que ça manque de peinture dans la chapelle.»

«Merci quand même au frère André d'avoir fait son possible.»

«Je vous inclus 5$ en vous demandant de faire ce que vous voulez avec.»

«Le frère André avait dit à mon oncle d'essayer des mouches de moutarde. Ça paraissait drôle mais ça a marché.»

«Je prie tous les jours, depuis ce temps-là, pour tous les portiers de tous les collèges.»

«J'ai dit à ma femme: tu peux toujours essayer, mais la guérison n'est pas garantie, tu sais. Elle a essayé et elle n'a pas guéri. J'ai dit à ma femme: je te l'avais dit. Elle a dit: ça fait rien, il va se reprendre plus tard.»

«J'ai une confiance indéterminée dans saint Joseph.»

«Est-ce que le cœur du frère André fonctionne toujours?»

«Il me semble que si je pouvais acheter une de vos béquilles, ça me porterait chance.»

«Je remercie le bon saint Joseph de mes varisses qui ont dégonflé.»

«Je vous envoie une série de chèques menstruels en l'honneur de saint Joseph.»

«Il me semble que les guides devraient parler plus fort.»

Est-ce que le frère André est exposé, au musée de cire, en face?»

«Saint Joseph, c'est bien beau et je suis d'accord. Mais on oublie Marie, je trouve.»

«Ci-inclus 5$. J'aimerais un beau Tantum Ergo comme autrefois.»

«Est-ce vrai que Maurice Duplessis y allait tous les mercredis? C'est pour une gageure.»

«Je ne voudrais rien dire contre le Vatican, mais ils vont pas vite.»

«Mon supplice, c'est mon mari qui a toujours mal au ventre. Je demande au bon frère André de finir ça.»

«Je vais être à Montréal le mois prochain. Qu'est-ce qu'on prend, comme autobus, à partir de la gare centrale?»

QUELQUES
CONTREPÈTERIES

Il faut dire «le fou a volé la fiole» et non «le fou a violé la folle».

Il faut dire «le chirurgien ampute la jambe» et non pas «le chirurgien enjambe la pute».

Il faut dire «la secrétaire a les nerfs en boule» et non pas «la secrétaire a les boules en l'air».

Il faut dire «mon oncle perd courage devant les amas de patentes» et non pas «mon oncle perd courage devant les appas de ma tante».

Il faut dire «le champion jette avec puissance» et non pas «le champion pète avec jouissance».

Il faut dire «il déplore la foule» et non pas «il déflore la poule».

Il faut dire «c'est long comme lacune» et non pas «c'est con comme la lune».

Il faut dire «le paysan regarde pousser les épis» et non pas «le paysan regarde pisser les époux». Il faut dire «les propriétaires de Bordeaux ont de magnifiques hôtels» et non pas «les propriétaires de bordels ont de magnifiques autos».

Il faut dire «la fille glissait sur la pente du ravin» et non pas «la fille glissait sur le ventre du rabbin».

217

Il faut dire «le ministre des Finances affirme que rien n'est plus faux que les histoires de baisse» et non pas «le ministre des Finances affirme que rien n'est plus beau que les histoires de fesses».

Il faut dire «l'ingénieur brasse le béton à la tonne» et non pas «l'ingénieur brasse les tétons à la bonne».

Il faut dire «la Chine se dresse à l'approche des Nippons» et non pas «la pine se dresse à l'approche des nichons... Il faut dire «le curé est devenu fou entre deux messes» et non pas «le curé est devenu mou entre deux fesses»... En somme, il faut toujours faire très attention, mesdames, messieurs.

Il faut dire «je peux vous procurer des rillettes en fût» et non pas «je peux vous procurer des fillettes en rut»;

Il faut dire «quand elle a sa marotte, impossible de compter sur elle» et non pas «quand elle a sa carotte, impossible de monter sur elle»;

Il faut dire «elle a reçu toute la farine dans sa mante» et non pas «elle a reçu toute la marine dans sa chambre»...

Il faut dire «les sœurs sont folles des messes» et non pas «les sœurs sont molles des fesses»... Il faut dire «j'ai pris une escalope avec ma salade» et non pas «j'ai pris une escapade avec ma salope»... Enfin, il faut dire «le pont fait 69 pieds» et non pas «le pompier fait 69»... Il faut toujours prendre bien garde et tourner sa langue sept fois avant de parler. Sinon, on risque de gaffer.

LES
PETITES
ANNONCES

- À vendre, chien Doberman têtu n'ayant pas desserré les dents depuis une semaine. 75$. Avec paire de pantoufles pointure 10 incluse.

- Club gastronomique, en pleine campagne de publicité, demande homme-sandwich.

- Metteur en scène cherche belles filles et une scène.

- Madame Lucie, la célèbre voyante, promet 100$ à qui lui révélera l'auteur de ses appels anonymes.

- Homme de main accepterait place de bras droit ou de valet de pied.

- Ancien champion skieur de descente, aujourd'hui oublié et sans emploi. Accepterait n'importe quel emploi pour lui permettre de remonter la pente.

- Fabrique française de bidets cherche inspecteur. Bon cavalier de préférence.

- Ancien boxeur poids plume cherche emploi dans les écritures.

- Bon vivant épouserait femme de mauvaise vie.

- Boucherie plusieurs fois cambriolée demande garde-côtes.

• Rez-de-chaussée à louer. Idéal pour individu de bas étage.

• Petite imprimerie cherche un directeur avec du caractère.

• Boulangerie demande jeune livreur désireux de gagner sa croûte.

• Personne malveillante cherche colporteur pour faire circuler mauvaises nouvelles.

• À vendre: lot de fourchettes sans dents. Conviendrait à individu ayant perdu l'appétit.

• Boulanger au bord de la faillite. Céderait son commerce pour une bouchée de pain.

• Objecteur de conscience demande à tous les militaires de lui foutre la paix.

• Ancien bûcheron (manque neuf doigts) cherche emploi liftier.

• Importante société pétrolière cherche représentants raffinés.

• Cannibale obèse, décidé à suivre régime amaigrissement, cherche nains comestibles.

• Amateur d'art peu fortuné achèterait éditions originales des premières copies de grandes œuvres.

• Grand couturier recherche mannequin maigre comme un clou pour le planter devant tout le monde.

• À vendre: jolie montre Bulova qui retarde. Pour personne peu pressée.

• Astronome épouserait danseuse étoile.

• Industriel en pleine déconfiture offre stock de fraises à bas prix.

• Cherche trésorier pour tenir grosse caisse, dans orchestre.

- Modèles acceptant de poser à bas prix demandés par artiste-pingre.

- Charcutier cherche à louer local dans pâté de maisons.

- Moine bon vivant cherche compagne de prière pour faire neuvaine dans chalet suisse.

... et les «cochonnes» de nos cousins de France

Un jour, en compagnie de mon ami Gaston L'Italien, le directeur des hebdos régionaux de Quebecor (aucun lien de parenté avec Tony), je consultais les petites annonces du pourtant très prestigieux *Nouvel observateur*, de Paris... Or, je vous jure qu'il n'y a pas que chez nous qu'existent le libertinage et la «cochonseté», comme disait l'un de mes anciens professeurs!... Gaston et moi, qui devions manger ensemble, avons plutôt ri ensemble. Voyez ces petites annonces:

— «Ingénieur, 38 ans, dominateur. Propose à jeune fille sensuellement soumise, mais capable d'en rire, le jeu de l'érotisme violent. Tendre outrage et volupté...»

— «Jeune homme tendre, 27 ans, cherche femme douce dans la quarantaine pour chose câlines...»

— «Représentant publicitaire, 40 ans, brun, 1 m 70, recherche jeune femme 25-35 ans, sensuelle, belle, libre en après-midi. Système pileux abondant. Discrétion assurée...»

— «Cadre supérieur, marié, 49 ans, grand, présentable, cherche jeune femme 35-45 ans, jolie, pour sorties et week-ends...»

— «Jeune homme, 24 ans, beau physique et soumis, cherche monsieur généreux. Discrétion et dévouement assurés...»

— «En sommeil 33 ans, cherche jeune et jolie musique de nuit pour réveiller douceur de l'aube. Souh. Photo de l'interprète...»

— «Diablotin venant souvent à Paris y cherche dame diabolique...»

— «Jeune homme, 27 ans, 1 m 80, libre l'après-midi, cherche femme 40-50 ans pour tendre complicité...»

— «Jeune homme asiatique rechercherait le maximum d'approche avec une personne masculine...»

— «Jeune homme, 27 ans, très beau physiquement, donne jeunesse à dame aisée 50-60 ans...»

— «Jeune femme mariée, belle, cherche amants à l'aise à qui faire partager ses matins...»

— «Homme 41 ans, 1 m 66, très décontracté, aimerait rencontrer filles 18-20 ans superbes en corps et sachant rire...»

— «Homme cadre, 53 ans, 1 m 66, 68 kg, dynamique, équilibré, souhaite rencontrer femme 42 ans maximum pour partir ensemble cet été...»

— «Homme sans descendance désire faire un enfant à femme...»

— «Jeune fille 22 ans, très belle, libre, désire partager vie vieux monsieur riche. Discrétion absolue en retour compensations matérielles...» (On ne peut pas être plus clair!)

— «Femme 42 ans, belle, mariée, souhaite jeune homme 20 ans, blond, propre, belle éducation, ayant besoin aide monétaire. «Villa à Nice...»

— «Homme 48 ans, commence tour du monde, bateau, cherche Noire de 20 ans soumise...»

— «Femme 40 ans, grosse, pas jolie, propre, très riche, désire se faire faire la cour par jeune amant très beau désireux d'avancement...»

— «Homme 30 ans, militaire, célibataire, cherche Noire jeune et petite qui manie l'art de correction physique. Soumis et très reconnaissant...» (Eh ben, dites donc!)

— «Homme 40 ans, Belge, souvent à Paris, désire après-midi intimes avec jeune Française mariée et yeux bleus. Ancien culturiste et généreux...»

— «Femme 32 ans, divorcée, désire homme 40 ans, Américain de préférence. Très belle, taille mannequin, rêve à des envols et à des envois...» (Mande pardon?)

TABLE DES MATIÈRES

La composition de ce volume
a été réalisée par
les Ateliers de La Presse, Ltée

Achevé d'imprimer sur les presses
des lithographes
Laflamme & Charrier inc.

Imprimé au CANADA